# 高效员工管理

## 写给管理者的6个锦囊

童伯华◎著

中国铁道出版社有限公司

CHINA RAILWAY PUBLISHING HOUSE CO., LTD.

**图书在版编目（CIP）数据**

高效员工管理：写给管理者的 6 个锦囊 / 童伯华著 . —北京：
中国铁道出版社有限公司 , 2021.6（2024.11 重印）
ISBN 978-7-113-27792-5

Ⅰ . ①高… Ⅱ . ①童… Ⅲ . ①企业管理－人事管理
Ⅳ . ① F272.92

中国版本图书馆 CIP 数据核字（2021）第 043189 号

书　　名：高效员工管理：写给管理者的 6 个锦囊
　　　　　GAOXIAO YUANGONG GUANLI:XIEGEI GUANLIZHE DE 6 GE JINNANG
作　　者：童伯华

策　　划：巨　凤　　编辑部电话：（010）83545974　　邮箱：herozyda@foxmail.com
责任编辑：巨　凤　董姗姗
封面设计：仙　境
责任校对：孙　玫
责任印制：赵星辰

出版发行：中国铁道出版社有限公司（100054，北京市西城区右安门西街 8 号）
印　　刷：北京铭成印刷有限公司
版　　次：2021 年 6 月第 1 版　2024 年 11 月第 9 次印刷
开　　本：710 mm×1 000 mm　1/16　印张：14.75　字数：197 千
书　　号：ISBN 978-7-113-27792-5
定　　价：59.00 元

作者童伯华与我结缘，他不仅是我们管理学院 MBA 中心的优秀校友，现任职太古可口可乐中国人力资源总监，亦凭借二十几年的企业人力资源管理经验受邀成为"传道、授业、解惑"管理学院的职业生涯导师，MBA 中心人力资源管理协会的第一届秘书长，以及资深的毕业论文校外评审老师。我与学院资深人力资源专家程文文、吴文华等教授每每聊起伯华，都赞叹他敏于思考、勤于实践，博学又接地气。凭借他独特的企业人力资源管理观察视角与个人见地，将来必有大成。

果不其然，在其作品即将付梓时，浏览完书稿，我认为此书值得企业各级管理者以及 HR 从业者阅读，原因有三：

第一，市面上有许多关于员工管理的专著，观点大多是人云亦云，有个人独到见解以及亮点的并不多。而本书作者却可以在书中大胆地提出个人多年思考的观点以及见解。比如在其书开篇文中，作者即从上百万年人类进化过程中形成的底层逻辑（能不消耗能量就不消耗能量）推导今天为什么大部分团队成员做不到 100 分的原因。光就这一跨领域的观察视角以及思考深度就让人为之眼前一亮。类似这样有深度思考的观点还有很多。再比如说，书中第五章作者提出的员工工作中四种主要意义驱动模型就很有新意，它可快速帮助管理者掌握如何提升员工工作自驱力背后的关键因素，从而在实践中有效运用。相信作者书中这些独特的视角与观点会引发读者的深思并愿意一气把书读完。

第二，多年的企业人力资源管理工作，使作者有机会深入一线观察各级管理者的行为，形成独到的专业视角以及丰富的管理案例。但作者并没有就此停留。相反，他还积极地探索管理者们日常工作中如何更好地进行员工管理，并把"选、育、用、留"的方法工具化、模型化，比如书中提出的岗位胜任三维模型、员工成长八种武器模型、赋能员工六角模型、"薪心相印"保留员工模型等，这些在企业实践过并证明有效的原创型工具都是作者二十余年孜孜不倦学习与思考的成果，非常值得大家借鉴与学习。

第三，本书的另一特点是从 HR 从业者视角写给公司各级管理者的，作者并没有陷入 HR 专业的深井中（这也是许多 HR 从业者易犯的错误），过多地运用各种理论与术语。相反，作者是从工作中发生的一个个真实故事及案例引申出每一篇文章要表达的观点，语言简洁易懂，通篇条理清晰，让各级管理者们可以在轻松阅读中感悟员工管理的精义。

《礼记·中庸》讲"博学之，审问之，慎思之，明辨之，笃行之。"相信这本书的出版不仅可以给企业各级管理者带来启发并从中获得一些行之有效的方法，真正地扮演好"一半是团长、一半是政委"的管理角色，从而赋能员工、激活个体，打造高效团队。同时也希望他能够成为厦门大学管理学院毕业生的一个模范与榜样，激发更多的毕业生"凝练生命感悟，谱成大家文章"。

应伯华之邀，是以为序！

厦门大学管理学院副院长、教授、博士生导师

白云涛　博士

2021 年 1 月

# 实践是检验管理是否有效的试金石

（一）

笔者自 1999 年开始在企业从事人力资源管理工作，在企业人力资源领域耕耘二十多年。在工作期间，本人最喜欢做的事情就是与行业的业务管理者们在一起，这样可以有大量的机会观察、研究、探讨各级管理人员的思维与行为模式。

在这一过程中，我有两个发现：

第一，绝大部分的管理者都是边工作边摸索管理之道，教科书上描述的理想状态，准备好就能上岗的情形基本不存在。一家有较为完善的管理与领导力培养体系的公司或许可以助力管理者，可如果一家公司连这些都没有，是否可以上道或者更上一层楼就只能看管理者们自己的修为与造化了。

第二，绝大部分管理者们一方面没有时间，另一方面也没有养成良好的阅读习惯。尽管市面上关于管理的书籍可谓汗牛充栋：有德鲁克等大家们的经典理论著作，有各大商学院教授们的谈经论道，有功成名就如杰克·韦尔奇这样的 CEO 们回忆录式的公司管理之道，也有繁多术语堆积成的如"管理入门 100 堂课"之类的管理书。

忙碌的各级管理者们（特别是中基层管理者）因为工作的需要对如何带领团队成员有着迫切的需求。用他们的话来说，如果有一套工具与方法可以帮助自己"搞定"员工，顺利完成上级交待的任务，这是最妙不过的事情。如果工具与方法还是经过检验且证明有效的则更棒！此外，这些工具与方法最好可以贴近他们的工作场景，这样理解起来有带入感、又可快速学习与掌握，可以助力他们在带领团队员工方面更胜一筹。

这些年我也一直在探索与尝试如何把教科书上的理论思维化、实践化、工具化，让这些中基层管理者们可以即学即用。而且为了证明有效，这十多年来，笔者在工作中亲自实践，手把手悉心教导一批刚刚被提拔的销售管理者，并让他们在工作中不断实践。十年时间，居然成效斐然。这些销售管理者们都成长为公司的销售管理业务骨干。在帮助公司不断刷新业务历史记录的同时，销售业务团队的流失率也从 40% 降至 15%，并保持稳定。这在快速消费品行业简直就是一个奇迹（快速消费品行业业务平均流失率 30%）！

多年的实践与思索汇聚成今天的这本写给中基层管理者的员工管理书，在书中笔者尽可能使用通俗易懂、简单实效、接地气的语言，让一线管理者们一看就懂，同时本书所述的内容及案例大都来自作者的实战经验与自身的思考感悟。

如果用点、线、面来比喻公司管理类书籍的话，"面"讲的是公司商业模式、组织、战略、盈利等管理；"线"讲的是产品、营销、创新、运营等管理；而这些都是由一个个"点"（即员工）组成，如何用好每一个"点"（管理好员工）是对每一位管理者的基本要求。本书的最大特点就是紧紧围绕着"员工管理"这个点展开，从人力资源管理者的角度讲给忙碌的管理者们管理员工的六大锦囊，书中配以独创的各种模型、工具与表单，皆简洁实用，易于理解，而且书中的许多观点都是笔者融合多学科知识，并深度思考而提出的独到见解及原创方法。

第一章讲述管理者的认知思维突破，帮助管理者认清人类进化的底层逻辑在管理中的价值，日常管理工作中的认知思维局限以及突破的方法。

第二章帮助管理者找准定位与角色，掌握管理者领导力修炼的三个层次。

第三章至第六章围绕管理者最核心的如何选准员工、如何育好员工、如何赋能员工，如何留住员工四个方面展开阐述。每一章都有笔者多年工作实践思考总结出来的实用模型工具。比如，岗位胜任标准三维模型、员工成长八种武器模型、赋能员工六角模型、"薪心相印"保留员工模型来统领每一章节，而且这些模型都是在实践工作中证明过是有效的。同时，除了每一章统领的模型外，每一章里还会有许多经过实践检验的小工具、小方法，方便管理者学以致用。

管理大师彼得·德鲁克曾说："管理是一种实践，其本质不在于知，在于行。"在企业里，管理是一个永恒的话题，管理成功一定源自于实践，实践才是检验管理是否有效的试金石，没有实践检验的管理阐述，只能是一堆没有生命力的文字。

（二）

此本书不仅是写给企业的中基层管理者看的，同时也是写给人力资源的从业者们的。

多年行业的观察与体会，让我深深感受到，人力资源从业者需自强。

今天因为这样那样的原因，许多的人力资源从业者仍然或期望把 HR 部门当成权力部门，认为 HR 部门名正言顺就是要对公司的人力资源负责任，此大谬也。（具体可见第二章第六节《人力资源部门有什么用》）

其实，帮助业务增值才是企业 HR 们工作最大的价值，而帮助管理者带好团队，打造满分员工则是帮助业务增值最为重要的手段。

写本书还有另一个初衷，期望这本来自实践检验过的工具与模型可以帮助那些如本人一样的同行们真正掌握帮助业务增值的方法及秘籍，成为业务部门的合作伙伴，共同提升整个商业社会、特别是企业 CEO 们对 HR 的认知和定位。如能达到这一目的，亦感欣慰！

当然，由于时间和作者水平的局限，本书存在的缺点和不足的地方，也恳请读者们批评指正。感谢！

童伯华

2021 年 1 月

# 目　录

## 锦囊 1：管理者认知思维突破

## 锦囊 2：角色再定位

## 锦囊 3：首先选对人

## 锦囊 4：从"人材"到"人财"

# 锦囊 5：进攻，赋能员工、激活个体

**第五章**

# 锦囊 6：防守，"薪心相印"留员工

**第六章**

# 第一章

## 锦囊1：管理者认知思维突破

# 一、大部分团队成员做不到 100 分的原因

### 1. 人类进化的基因：为了活下去，能不消耗能量就不消耗能量

在讨论为什么现在大部分团队成员做不到 100 分之前，为更好地帮助读者理解，我们先谈谈人类进化史。

人类在数百万年的进化中，从南方古猿、能人、直立人到最后的智人，食物等资源的匮乏占据了人类大部分的历史。匮乏引起的人类基因进化塑造了我们现有的人体器官及其工作模式，也构成了我们今天思维方式的底层逻辑，它们就像电脑预装的软件一样，深深地刻在我们的基因里。

进化是一个漫长、痛苦的过程，在生产力低下、资源匮乏的时代，人类祖先饥寒交迫，住山洞、打猎物、采摘果子，风吹、日晒、雨淋，并且随时可能会受到野兽或者其他部落的攻击，"活下去""把自己的 DNA 传下去"成为生命唯一的使命。

在食物稀缺的原始社会，每一份由食物转化到身体上的能量都变得异常宝贵。因为在某件事情上消耗过多能量时，就会导致能量不足而无法捕获到猎物，无法采摘到足够的果子，或者当野兽袭击部落时会因能量不足逃脱不了而丧命！

慢慢地，近百万年的进化在人类基因里留下了深层的记忆，那就是：为了活下去，尽可能节约能量，减少能量消耗。

此时人类大脑发出的各种指令不是用来求真的，而是用来求存的，这种思考方式可以节省大量的能量。

事实上，"随时随地节约能量"的案例在人类器官进化过程中比比皆是。举一个例子，最近一项研究表明[①]：在人类进化过程中，直立行走具有里程碑意义，而直立行走的终极原因可能与节省能量的生存本能有关。在自然环境下，节省能量意

---

① 史钧. 疯狂人类进化史 [M]. 重庆：重庆出版社，2018.

味着有更多的生存机会。为验证这一想法，研究人员给黑猩猩戴上小面罩测试氧气消耗量，然后让黑猩猩与人在跑步机上赛跑。结果非常惊人，人类直立行走所需的能量只有黑猩猩的1/4左右。

一切都是为了"活下去""把DNA传下去"。

随着生产力的进步，活下去已不需要消耗身体的全部能量，这时人身上多余的能量就会被用于各种有趣的事情上，慢慢地，琴、棋、书、画等休闲娱乐就出现在人类的生活中。

总结一下，在人类漫长进化过程，身上的能量主要用于两件事情（图1-1）：

（1）让自己活下去。为了活下去，要尽可能节约能量，减少消耗能量。

（2）做自己感兴趣的事情，百分百地投入能量并期望做得精益求精。

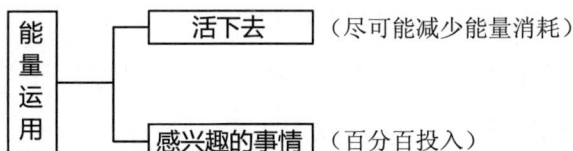

图 1-1　人类身上的能量运用

## 2. 员工管理，其实是在与人类基因作斗争

回到本书的主题，每天早晨，穿戴整齐的员工进入公司开启一天的工作和处于进化过程中的古人类并没有什么本质的区别。两者的底层逻辑是相似的——活下去。

更有甚者，你稍不留神，下属交出来的结果更是让人啼笑皆非！

你是否真的有思考过上班是为了什么？有些人上班，只是为了求稳定（活下去），能不消耗能量就尽量不消耗能量！能做到60分的，绝不做到80分，能做到80分的，绝不做到100分！有些人上班，是为了实现自己的理想，让自己的人生大放异彩。有些人上班是为了活下去的同时赚更多钱，让自己的生活质量更高。

所以，每个人的追求不同，自然管理者的应对方法和赋能方式也应不同。

读到这里，管理者们是否莞尔一笑：原来要让员工达到100分还需要从人性的底层逻辑入手。

也许会有管理者问，那为什么不直接找那些对工作本身感兴趣，发自内心愿意做的人来呢？这样员工就会自发主动地把工作做到 100 分，管理也会轻松！

是的，你可以这样想，但要知道：在这个社会上，对工作本身感兴趣，发自内心喜欢的人不好找，而且这种人的市场价值也会很高。

所以在企业里，管理者面对的多是为了薪水（活下去）工作的下属，当然你可以加强管理、严格控制、持续跟踪，努力争取把员工做到 60 分的工作，让员工做到 70 分、80 分，甚至 90 分，但你会很辛苦很累，而且你很难得到 100 分的结果。

### 3. 让员工做到 100 分的有效方式

如果真的想经营好员工，让员工做到 100 分？管理者应该怎么做呢？

（1）管理者得做好自我认知思维突破和自我角色再定位。

（2）管理者得选对人，从源头开始，找到合适的对的人。

（3）管理者得帮助员工实现从"人材"到"人财"的转变，发挥团队力量，用人之长，容人所短。

（4）管理者得赋能员工，激活一个又一个个体：让人追随，给予梦想，赋予意义，工作本身既有乐趣又有压力，创造更多的自主空间，激发员工自己成长的本能……所有的这一切都会推动员工自发主动去追求 100 分！

（5）管理者还得从"薪"与"心"两个方面留住他们。

总之，管理的根源在于人！请跟随我一起开始后面内容的学习吧。


# 二、管人 ≠ 控制人


## 1. 望文生义的"管理"

当看到"管理"这个词时，你会联想到什么？

是不是联想到其他带"管"字的词语？像"管道""管子""管材"等，它们有一个共同的特点，都是想把液体、物品"箍住"或"束缚"在规定的地方，有点像孙悟空头上戴的金箍。

因此"管理"一词，特别是"管"字，容易让新任的管理者望文生义，认为就是把人及事物约束好、规范好。于是在这些管理者的理念中，"管理"就约等于"规范"，约等于"指令"，约等于"控制"。

所以在企业里，当一些优秀员工被提拔作为管理者时，往往会从"管理"的字面意思出发：要把人及事物约束好、规范好、控制住。比如，会要求员工早请示、晚汇报，随时报告在干什么，进度如何，或者不断地下命令，"张三，去倒茶""李四，拿物料""王五，去见客户"，一天下来忙得不亦乐乎，而且还觉得自己很有成就感。

多年的人力资源管理工作经验提醒我，在公司，要担心的不是那些看起来不爱改变的老管理者们，而是那些刚刚被提拔起来的管理者们，特别是外派到其他分公司或机构担任管理者的，他们中的绝大多数没几个月就会把那个销售分公司或机构搞得鸡飞狗跳，导致销售业务员工流失率飙升！

"管理"的英文单词是"Management"，据研究，"Management"以及相关联的"Manage"等词语首先出现在 16 世纪的英国，而这些词最初来源于拉丁语 manus，在拉丁语中表示"手"，意思是"动手解决问题"。那时的英国，由于地理大发现以及国力上升，带来了贸易和经济大发展，大量手工作坊以及大批工人出现，而"Management"的原意就是要着手解决作坊里人和事的问题。

## 2. "科学管理"的利与弊

弗雷德里克·温斯洛·泰勒，这位被后人称为"科学管理之父""拿着秒表的复兴英雄"的人在其代表作《科学管理原理》一书中这样写道："在整个文明世界里，20 个工人里有 19 个都坚定不移地相信，放慢速度更符合自己的利益。他们坚信，付出尽量少的劳动力换回所得薪酬是最划算的。"

他以秒表为工具，详细测量工作中每一个环节所需的时间，并确定一种效率最高的工作方式，统一采用。他的实验中这样记录："若按最有效的方式开展工作，一名生铁工一天可以装载42吨生铁，传统的工作方式却只能装载12吨半。"

泰勒的科学管理，用科学化、标准化的管理方法代替原有的经验管理，并尽可能做到分工、标准化、流程的效率最大化。这种管理思维一直影响到现在：分工越来越细、流水线作业、标准化作业流程等。如果你有兴趣，可以了解一下麦当劳、肯德基的食品制作过程，这都是很典型的例子。

科学管理让人类在要效率、要利润的道路上走得更远，人们开始认为，这是一条通往利润天堂的最佳途径。

泰勒的科学管理思想影响深远，他认为，管理就是要控制、要规范，这使得许多管理者在第一次带团队时，"管"字上头，想要控制人、约束人、命令人，把人管住。（当然从另一方面来讲，这种行为也满足了人性中控制他人的欲望，许多管理者乐此不疲。）

在许多公司中，员工考勤方式的更新换代让人眼花缭乱：从签到、打卡、按指纹、瞳孔扫描，到现在的人脸识别，无一不体现了"管"的思维。

甚至，在我的职业生涯里，还见过一位管理者在自己的办公室里装望远镜，没事就看看有没有人上班期间离开公司大门。

世界著名管理大师肯·布兰佳把那些被管控得死死的员工工作行为称为"鸭子综合症"，那些在一线的员工没有任何的自主思考能力，只能机械地对顾客重复："没办法，这就是公司的政策。规则不是我制定的，我只是在这里工作。"

泰勒的科学管理有积极的一面，它的精髓就是用一整套制度，让员工的行动整齐划一，令行禁止，把组织的效率提到最高。然而，泰勒所处的时代为工业化大生产时代，他的管理方法更适用于大批量生产模式。但是，在现在这个时代，这种管理方法好像不适合所有行业，员工的创造性变成了更为有价值的东西。

比如说，一个设计师或软件工程师，你让他准点上下班，有什么意义呢？他早点到或晚点走，甚至在家，只要保质保量完成任务即可。

如果我们仍用工业时代的思维来管理这些在信息时代成长的员工，那他就算身在办公室，也一样没有产出。

员工不是机器、工具。如果在管理者的眼里，员工只是一台台会说话的机器，那无疑会抑制人的自主性、创造性，也无法持续地提升效率。

### 3. 控制背后的逻辑：一种最节省能量的方式

20 世纪初，在芝加哥西部电器公司所属的霍桑工厂进行的一系列实验（即霍桑实验）发现，工人不是只受金钱刺激的"经济人"，他们还是"社会人"，是复杂社会关系的成员。要调动工人的积极性，还必须考虑工人的心理因素和社会需要。

自霍桑实验后，一系列行为科学理论，如马斯洛需求理论、赫茨伯格双因素理论、X-Y 理论、期望理论等，就如群星一样，璀璨涌现，成为研究人力资源的理论基础。

今天，人性需求更是多样化，人们怀着不同的需求与动机进入组织，他们对于管理方式的要求也是不一样的，同时脑力劳动者群体已经成为职场的中坚，面对日趋激烈的商业竞争环境，企业更需要的是有头脑、有创造力、有责任感、有主动性的员工。

道理浅显，可为什么许多管理者在日常工作中表现出的行为却仍然是"控制""约束""听命令就好"呢？

原因非常简单，这是人类进化的结果。因为在进化过程中，为了确保自己是安全的，就需要掌控一切可以控制的东西，食物、信息及各类资源，控制越多，活下去的可能性就越高，同时也是最节约能量的一种方式。

# 三、其实，公司一直在买单

## 1. 新任管理者的"威胁、恐吓、利诱"三板斧

多年的工作经验告诉我，大部分员工在被公司提拔为管理者时，并未做好充分的准备，被提拔的主要原因是作为员工时的工作业绩很出色。

特别是在过去的二三十年，中国经济高速发展，许多公司的业务拓展、规模不断扩大，公司需要大量的管理人员，许多业绩表现不错的员工被快速提拔。

然而，他们中的大部分人在上任前可能连一天"如何做一名管理者"的培训都没有参加过。

初上岗时，许多人带着最朴质的、望文生义的"管理"思维，或者是从以前的上级身上获得的感观经验，手忙脚乱地面对陌生的下属，并开启管理者的职业生涯。

自然，"简单、粗暴、有效"成为他们的管理哲学，"威胁、恐吓、利诱"是最常用的三板斧！

他们日常与员工对话的常用语是这样的：

"这个工作要是做不好，扣奖金"——威胁

"完不成任务，就回去吃自己的（解雇的意思）"——恐吓

"好好干，做完这个项目，公司就让你们去泰国旅游"——利诱

在过去，"威胁、恐吓、利诱"这三板斧很好用，因为简单、直接、有效是最节约能量的方式。更因为它满足了人性中控制他人的欲望！在企业里，这类管理者的占比还是比较多的，先说我曾经见过的一位新部门经理。

那是十几年前，我刚去西安工作没多久，有一天公司某个小部门的 4 位同事来到我办公室，联合投诉他们新上任的经理，说她做事情毫无章法，想到什么就做什么，整天把大家指挥得团团转。可更为糟糕的是这位经理的情绪经常阴晴不定，每天大伙都要看着她的脸色上班，高兴时还能多聊两句，要是哪天脸色不对，那就要

小心了，说不定就会被当成出气筒，各种发火、指责、谩骂随之而来。大家平时在办公室都战战兢兢的，不知下一场暴风骤雨会在哪里！其中一位刚毕业，看起来挺阳光的男生哭丧着脸对我说："晚上做噩梦总会梦见她。"

再讲一位销售经理的例子，这是一位负责招聘的同事讲给我听的。

有一次，这位负责招聘的同事在分公司招聘销售业务人员时，感觉有一位应聘者好像之前来应聘过。于是就问他是不是以前来面试过，那位应聘者回答说是，还说上次其实应聘成功了，可工作没多久就离职了。离职的原因是每次跑完市场回办公室时，发现销售经理总是黑着一张脸，劈头盖脸就问今天的销量等指标，然后各种挑毛病，甚至骂人。

这时，同事又好奇地问他："那你为什么还要来应聘？"

这位应聘者回答："其实我蛮喜欢咱们公司的，我听说那位经理调走了！"

### 2. 糟糕员工管理背后的成本

各位管理者，如果你的下属每天做噩梦都会梦见你或者巴不得你快点调走，你会不会觉得自己太失败了？

对于那位常做噩梦的阳光男生而言，如果情况没有什么改变，那么他会有两种选择：公司内部调岗，有机会就申请调部门；或跳槽，离开公司，人生苦短，何必受气？

在上述的两个案例中，由于管理者的管理不当，未来会使公司的各种直接成本（比如招聘 / 培训 / 资源配备等）不断增加。此外，公司更大的成本还体现在人员的不断更替，员工相应技能无法提升，团队配合不默契，造成工作效率低下，或者客户满意度直线下降，导致生意受损，最终吃亏的还是公司！

这一切，管理者们未必都能看得到。但是，公司一直在买单！

# 四、管理者常见心智模式一：思维僵化

## 1. 什么是心智模式

在东南亚旅游时，时常会看到大象套着很细的绳子被拴在很细的桩子上，其实大象稍稍发力，绳子以及木桩根本拉不住它，但大象就乖乖地待在那里。

为什么会有这种现象？原来，当大象还小的时候，就被同样细的绳子、桩子拴在那儿，而这样的绳子、桩子足以把小象拉住，久而久之，小象就不再挣扎，渐渐地小象也长成了大象。

当我观察公司各级管理者们的行为时，常常会问自己两个问题：为什么管理者们"这头大象"总会表现出这样或那样的行为呢？难道有什么必然规律？

在讨论这个话题前，让我们先从心智模式讲起。

我们每一个人从小到大，认知的世界都是由我们的感官经验塑造出来的，虽然生活的客观世界是相同的，但反映在每个人头脑中的主观世界是有差异的，每个人会按照自己的经验和记忆，构建一个自己的世界。

记得一位心理学家说过：每个人的成长道路上都有五大"催眠师"，它们分别是父母、成长路上身边的人、老师、书籍、各种广告。正是这些"催眠师"让人们形成了对世界的认知，因为昨天的"看见"形成了我们的信念，过去的经历造就了我们的经验，而这些认知又在指导我们日常的行为。

举个生活中的例子，许多年前我认识一对夫妻朋友，刚结婚时常为谁管家里的钱而吵架，后面一了解，才发现这位男士的原生家庭比较重男轻女，认为男的就是家里顶梁柱，就应该掌管家里的财权；而这位妻子从小到大，家里都是奶奶、妈妈说了算，自然觉得家里就应是女人当家作主。这不，两人不吵架才怪呢。

所以，我们头脑中惯有的组织和加工世界的方式就是心智模式[①]。

---

① 心智模式的概念由苏格兰心理学家肯尼思·克雷克在 1943 年首次提出，麻省理工学院斯隆管理学院资深教授彼得·圣吉在其著作《第五项修炼》中进行定义。

心智模式对于我们应对与处理世界有着极其重要的作用。

再举个例子，请看引号中这句话"研表究明，汉字序顺并不定一影阅响读"。

你有没有发现，这一句话的顺序全是乱的？但一点也不影响人们理解它想表达的意思。那是因为我们的心智模式已形成了固定的搭配模式，眼睛看到的东西传达到大脑后，被大脑依据固有的模式进行了重组，而这个过程大部分是无意识的。

麻省理工学院物理学教授迈克斯·泰格马克在《生命 3.0》这本书中，这样写道："人的大部分思维、动作和行为都是无意识的，有意识的只占极少数。"比如我们一边走路，一边吃东西，还一边和身边的朋友说话。我们走路的动作、对前方路况的判断以及如何吞咽等一系列动作都是自动化的、无意识的。

书中还提到：人的大脑每秒接收 1 000 万比特的信息，而人有意识地处理的信息大概只有 10 ～ 50 比特。

由此可见，我们的许多日常行为都是由心智模式控制的无意识行为，除非你有意识去觉察它。

为什么会是这样呢？

思考需要脑部活动，这一过程会消耗大量能量，正如我们前面所讲，人类的能量是极其有限的，大脑一旦思考，就会占用我们做其他事情的时间和注意力。如果我们对每一个信息都做精准判断及周密思考，那么能量和精力是远远不够的。相反，固有的、习惯性的方法和模式能帮助我们解决身边的许多问题，以节省能量。

凡事有利也有弊，这种心智模式虽说能有效地节约能量，但这种运作机制也有一个弊端，那就是在认知无意识的状态下去判断事情未必可靠！但我们已经习惯这么做。

## 2. 管理者工作中的僵化思维

在日常管理工作中，管理者们会表现出哪些固有的僵化思维呢？

十几年前，我曾被集团派去帮助一家公司建立员工培训体系。正好赶上这家公司的员工培训室装修。作为顾问，我就帮忙列了一系列需要购买的培训室物品清单，让他们的培训经理去申请购买（在费用预算内）。清单中有一项是购买五个单人白板架（用于学员的小组互动讨论以及讲师板书使用）。过了几天后，他们的培训经理很沮丧地跟我说，审批环节中的一位公司高管不同意，并在申请单上批注："买这么多单人白板架当饭吃？"

这位公司高管当然有权力不批准，可这也说明：在他的阅历、视野以及对培训工作的认知模式里，仅限于一个大白板的上课模式，也不明白单人白板架的价值，因此才会批注"买这么多单人白板架当饭吃"如果这位高管能保持一颗好奇心，多问几个为什么，就能避免僵化思维的影响。

再比如下面这个案例（源于某本书）：

刚上任的炮兵军官在视察训练时发现，总有一名炮兵站在大炮旁边纹丝不动，询问下属原因，下属回答道："这是训练条例上的规定，所有炮兵部队都必须按条例要求执行。"军官听后并未消除疑惑，在他花费大量时间调查后终于找到了问题的真相。

原来这是很早以前的一项制度，早到什么时候呢？早到还是用马来拉炮的年代，而站在炮管下的士兵的任务就是负责拉住马的缰绳，避免马受到炮声惊吓而跑开，同时也在大炮发射后尽快调整由于后坐力产生的距离偏差，减少再次瞄准所需的时间。

但如今早已实现机械化和自动化，根本不需要看马的炮兵，也不再需要炮兵站在炮管下，但是训练条例并没有进行相应的调整，所以部队训练仍然在按照原来的条例执行。这名炮兵军官在有了新发现之后，立即报给上级，并获得了应有的嘉奖。

再比如：

1899 年美国国家专利局主管查尔斯·杜维尔自信地说："世界上能发明的东西都已经发明了。"

1900 年爱尔兰科学家汤姆逊说："物理大厦已经落成，所剩的只是一些装饰工作。"

1943 年 IBM 董事长托马斯·沃特森曾经这么说过："我认为全球大概只需要五台计算机就够了。"

现代企业中，管理者思维僵化的情况还有吗？

·4G/5G 时代，某些公司还是会要求员工提交无穷无尽的纸质报表、报告，而且这些报表、报告很少做更新、改进。

·某些公司做预算时，通常是将当年各项收入与成本乘以一定的比例，却忽略了市场早已发生的变化和实际情况已有的改变。

·遇到新的生意契机，财务及法务等管控部门人员的第一句话经常是"这个有风险"。

诸如此类的情况存在于很多公司。

而当需要做出变革时，有些管理者会说："以前那样做挺好的，为什么要改呢？"

这些管理者长时间在同一环境、同一岗位工作，他们脑子里的条条框框特别多，而且常认为过去的就是最好的，过去的方式是风险最小的。无法创新，不敢突破，一切要按部就班。

当然，从人性底层逻辑来说，这一点也没错，因为这是最节省能量的方式。

有一句话是这么说的："在大自然的历史长河中，能够存活下来的物种，既不是那些最强壮的，也不是那些智力最高的，而是那些最能适应环境变化的。"

企业和管理者们也都一样。

# 五、管理者常见心智模式二：选择性盲目

### 1. "看不见的黑猩猩"实验

心理学上有一个非常有名的"看不见的黑猩猩"实验。

实验过程是这样的，参与者会被要求看一段打篮球的视频，视频上会有三位穿白衣的人和三位穿黑衣的人在传篮球。要求参与者记住三名穿白衣者的传球次数，而无须理会三名穿黑衣的打球者。在传球过程中，一名打扮成大猩猩模样的人会走进他们中间，面对镜头捶打胸膛，然后退出。当视频播完了以后，大多数志愿者回答没看见"大猩猩"上场。当他们自己再次看视频回放的时候，都不敢相信自己的眼睛，而那些看到"大猩猩"的人，他们在数传球次数的正确率方面明显不如没有看到大猩猩的人群。

通过这个实验，心理学家告诉我们，当人们专注于某件事物时，往往会忽视旁边的其他事物。也就是说当专注在某件事物上时，视觉往往会产生一定的盲点，这个盲点让人无法注意到意识以外的事物，即使这个事物十分重要也十分显眼。

这种体验其实每个人都有过，例如，当你全神贯注在做某件事情时，就会忽略身边的噪声或者发生的事情，做到"视而不见""听而不闻"。

所以我们经常说，看见≠看到。

当不刻意去觉察，我们通常只会关注自己想关注的、看自己想看的，并自动过滤掉那些不符合我们认知和不想关注的信息。

哲学家及诗人爱默生曾说："人们只看得到自己想要看到的东西。"

### 2. 管理者工作中的选择性盲目

管理者们日常工作中都"看到"了什么呢？

在过往的工作中我经常接触一线销售经理们，我发现有一类销售经理总会"看到"产品的价格那么高、天气又不好（饮料销售与天气有一定的关系）、公司配送

不给力、员工薪水太低、员工能力不行、竞争对手太厉害等一大堆原因，反正就是这些原因导致他业绩不好，结果整天怨天尤人，让自己活在"无辜的被害者"阴影下。

这种类型的经理们满脑子都是"没办法""不可能"，并把这样的想法和情绪传递给他的团队成员，例如：

"没办法，产品的价格就是这么高！"

"没办法，天气就是这样不好！"

"唉，市场竞争这么激烈怎么卖！"

当你眼里只有这些时，就会忽略许多其他的元素。

但是，也有一类经理们总能"看到"机会和改善的空间，比如：

大区经理问分公司经理："这个月的销售进度比预计的时间进度落后五个点，原定的计划怎么实现？"

分公司经理回答说："经理，你知道的，现在受疫情影响经济不景气，各行业都很萧条，而且这几个月一直在下雨，唉！"

大区经理："你能改变疫情、经济、行业和天气吗？"

分公司经理回答说："不能。"

大区经理进一步问："那有什么是我们可以做的？"

你看，思路决定出路，关注点不一样，解决问题的方法就会不一样！

在对待员工上也是一样，每一位员工都会有表现好与不好的地方，但如果经理们整天习惯把注意力放在员工的缺点上，结果只会越看越不行！我常开玩笑对这些经理们说："我们上辈子应该还没修行到这辈子可以找到没有缺点的员工的程度！"

人的特点是倾向证明自己是对的：当你认定一个员工不好的时候，你往往就能收集足够的证据证明他不好；而当你认定一个员工好的时候，你也能收集到足够的证据证明他有多好。

所以，管理者们要学会用欣赏的眼光看待团队里的人和事，即把注意力聚焦于

"关注什么可行，而不是什么不可行"。

当我们专注于问题本身时，会变成问题的主人；而当我们专注于欣赏事物好的一面，并使其发挥所长，我们就会变成机会的主人！

# 六、管理者常见心智模式三：凡事应该如此

## 1. 出租车司机的逻辑

好多年前，当我从外地出差坐飞机回厦门时，最担心的就是排队等出租车了。因为我家离机场路途较短，每当一上车说出地址后，许多出租车司机的脸色就变了，略好一些的是整个过程司机都板着一张脸，即使你想与他说话也不搭理你，空气就像凝固了一样，特别压抑；差一些的司机满脸写着烦躁、生气、甚至愤怒，然后把气都撒在了汽车上，一会儿红灯急刹车让你往前冲，一会儿猛踩油门让你向后仰，整个过程既难受又危险！

司机们的逻辑看起来也很清楚：我排了一两个小时的队，就是为了拉个长途的客人多赚点钱，这样才公平。

事实上，这种逻辑并不成立，因为司机们可以选择到机场排队等候，也可以选择不去机场，这是他的自由。但无论哪种情况，出租车空车时都不能因乘客的目的地选择而拒载（政府有明文规定并有人监督不得拒载），所以当他决定要到机场排队等候时，尽管有时需要等待很长时间，但由于他无法决定哪位乘客会乘坐他的车，等待较长的时间不一定就能等到目的地更远的客人，他认为的"应该"不一定会出现。

在某种意义上，这些出租车司机们为自己不能决定的事情而生气是一件挺可笑的事情！

"凡事应该如此"的本质在于没有认清真实的世界，反而企图让真实世界臣服

于头脑中已有的规则，并在事物不符合头脑中的规则时，表现出怨恨、愤怒、焦虑或者沮丧等情绪。

2018 年，河北唐山市撤销了周边所有路桥收费站，相关单位也按法律规定给予收费站员工赔偿并结束劳动合同，但这些收费站的员工却去政府大楼找领导讨说法，要求政府重新安排工作。其中一位大姐说："我今年 36 岁了，我的青春都交给收费了，我现在啥也不会，也没人喜欢我们，我也学不了什么东西了。"其实，这位大姐的潜在思维就是：政府或单位就应该一辈子对我负责。

要知道，这个世界上除了你的父母，没有谁或哪个组织需要对你负一辈子责的。

现实生活中，"凡事应该如此"的现象还有许多，例如许多人受到影视作品以及小说情节的影响，认为富人的孩子不争气，大多为富不仁，不学无术，浪费父辈资源，每天只会吃喝玩乐。实际上，很多有背景及家境良好的年轻朋友，他们家教好，成熟得体，有着良好的教育背景和广阔的视野，拥有丰富的见识，他们同普通年轻人一样有对自我成功的渴望，并不是许多人大脑中想象的纨绔子弟。

### 2. 管理者工作中"凡事应该如此"的表现

在企业的日常工作中，管理者们"凡事应该如此"的思维都有哪些表现呢？

- 管理者就应该不苟言笑，一本正经。
- 就应该对员工板着脸，这样才能显示领导的威严。
- 就应该对员工不断下命令，要不然他们就会偷懒。
- 管理者凡事就应该亲力亲为。
- 公司就应该对员工负责一辈子。
- 生意不好时，员工就应该加班。
- 外边等着应聘的人应该会比现有的员工好。
- 工作中女生应该怎样，男生应该怎样。
- 销售这种活就应该是男生干的，女生怎么可以干呢？
- 操作说明书 / 手册已经写得很清楚，员工应该知道如何做了。

·大家都应该这样想嘛！

·这点事情你怎么就想不明白？（你应该明白的呀！）

·这道理有谁不知道？（你应该懂的。）

……

亲爱的管理者，你认为的"应该"就一定应该出现吗？

# 七、管理者常见心智模式四：非黑即白

## 1. 世界并非"二极管"

小时候看电影，每出现一个人物，就喜欢问父母这个角色是好人，还是坏人。因为在小孩的思维世界里，人分成两种：好人和坏人。

随着年龄增长，你会渐渐地认识到，世界上的人，并非用"好人"或者"坏人"就能区分开来。同样的，世界上的许多事，并没有一条明确界线，只用黑和白就能区分开来，世界上也没有那么多对和错。

站在不同的立场与角度，可能得出的结论就会不一样。你眼中的白，在别人眼里说不定就是黑，要知道社会何其复杂，善恶标准又何其多样。

非黑即白容不得任何中间选项，也基本不愿意参与深入的探讨，因为两极分化，所以有人也称之为"二极管"①。

这种思维体现在生活中，就是非对即错，非好即坏，不是君子必定就是小人，诸如此类。

## 2. 管理者工作中的非黑即白

在工作中，一些管理者们也存在着非黑即白的思维：

（1）满脑子都是条条框框，凡事要争个是非对错，特别是部门之间的讨论，

---

① 二极管是一种具有单向导电性的半导体电子器件，具有接通和断开两种功能。

意见不同，就认为对方是错的，还一定要争个输赢，以显示自己部门是多么英明神武，而忽略了是否对公司终极目标有帮助。网络上有一段话极具启发性，也与大家分享：

跟顾客争，你赢了，顾客走了；

跟员工争，你赢了，团队散了；

跟家人争，你赢了，亲情没了；

跟爱人争，你赢了，感情淡了。

（2）员工一件事情没做好，就意味着这个员工不行，就需要换掉。

（3）或者三人成虎，众口铄金，以自己固有偏见下结论，偏听偏信身旁人的话。

人们常说："眼见不一定为实，更何况道听途说呢？"作为企业的管理者，更需要有透过表层现象看本质的能力，而不仅仅只是非黑即白。

今天我们所处的是一个多元的时代，而不是一个一元的时代，因此更需要多元的评判标准。

亲爱的管理者，黑与白之间，还有灰色，灰色之中还有深灰和浅灰，谁说只有两种结论呢？

下一次当你认为只有两个选择时，务必提醒自己在黑与白之间，依然有许多灰色的选项供选择！

# 八、雇佣·联盟·共同体——重新定义公司与员工的关系

## 1. 公司与员工的三种关系：雇佣、联盟、共同体

每当我问管理者们，公司与员工之间的关系时，他们会用异样的眼光看着我，似乎在想一位人力资源总监怎么会问这么低级的问题，于是就讪讪地回答："雇佣

关系呀，公司是雇主，员工是雇员，双方需要签劳动合同的。"而且回答完后，眼神里还略带着想得到表扬的期望。

其实我的问题是想引发管理者们的思考：公司与员工的关系不仅仅只是雇佣关系，更是联盟关系，甚至有可能是命运共同体，如图 1-2 所示。

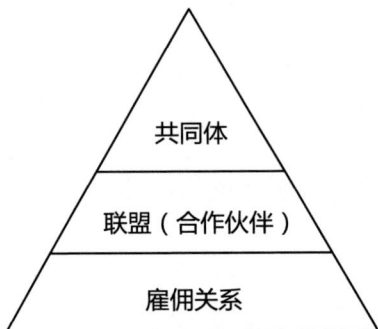

图 1-2　公司与员工的三种关系

从法律层面来讲，公司与员工的关系是雇佣关系，是基于劳动者在用人单位的管理下提供有报酬的劳动而产生的权利义务关系，而且要按照国家劳动法律法规要求签订劳动合同。

这种关系与交易市场上"一手交钱、一手交货"类似，员工提供劳动，企业则给予相应的报酬及保障。这种关系简单明了，但属于一次性交易。就和菜市场一样，在供求关系失衡的时候，双方都有随意更换交易对象的可能。

**2. 从雇佣到联盟**

但随着高知（即脑力劳动者）群体不断扩大，并成为职场中坚，频频更换交易对象，对双方可能都不利，一方面存储在员工身上的知识技能正成为公司资产的一部分，过度更换员工是公司资产减值的行为，不利于公司持续发展。另一方面，员工频频更换公司引发的风险也不利于员工个人利益最大化。

因此，在双方法律契约的基础上，一种新型的关系出现了，那就是我们所说的联盟关系，也可以说是合作伙伴关系。这种关系有个最大的特点，就是互惠互利、持续双赢，双方可以持续地、长期地合作。

联盟关系是一种有利于互相投资、互相信任、互相受益的新型公司与员工的关系。这种关系更像是球队与球员的关系，大家为了共同目标（拿冠军）努力。在这个过程中各取所需——球员获得报酬、职业发展以及荣誉，球队赢得效益。如果在过程中有人觉得不适合再合作下去就会选择离开，同时球队经理也可以决定裁减或者交易球员。没有一个球队会宣称自己是终身雇佣，但大家依然可以团结一致，这是因为每个人都看到了"双赢"的价值。

此外，公司不是家，所以不要动不动就对员工声称"公司是你的家"，原因很简单：如果公司是家的话，你会开除你的家庭成员吗？不会，但你会解除与不合适的员工的劳动合同关系。

联盟关系不等同于家庭成员之间的关系。优秀的球员可以在各个球队之间自由的流动，因为球员与球队只是联盟关系。但在家庭中，孩子却是无法流动的，当孩子表现不好的时候，父母是不能说："孩子，你考试的成绩达不到我们的要求，所以很遗憾，你还是离开我们的家吧。"因为孩子与父母是有血缘的家庭关系，而不是联盟关系。

对于员工而言，也要有这样的思想准备：我可能不会在一家公司待一辈子。

联盟关系可以说是公司与员工签订的心理契约，企业开放这个岗位是为了获得更大效益，而员工通过这个岗位获得了报酬、自我成长、可以做有意义的事的机会等，是一种持续双赢的合作伙伴关系。

日本商业领域经营四圣 [①] 之一的本田宗一郎在其回忆录上就说："我绝不要求员工'为公司干活'，我要他们'为自己的幸福打拼'。从业人员不必为企业牺牲自己，而是为自己的幸福努力，工作起来才会有效率。"

这才是联盟关系最大的价值体现！

---

① 日本经营四圣：是指在日本创造"经济奇迹"时代的四位优秀企业家。他们分别是：松下幸之助（松下公司）／本田宗一郎（本田公司）／盛田昭夫（索尼公司）／稻盛和夫（京瓷公司）。

### 3. 共同体：公司与员工最紧密的关系

"共同体"是什么意思？

谈这个话题前，我先说《水浒传》里的一则故事：话说林冲风雪投奔梁山，当时的寨主王伦却并不想接纳林冲，最后提出让林冲去纳一个投名状，意思就是说你想上梁山也行，那你就下山为梁山杀一个人，你就能够成为我们中的一员了，并且说这是每一个上梁山的人必须要遵守的规矩。

王伦为什么会纳林冲的投名状？这背后的规则是这样：你杀了一个人，就会被官府通缉，然后就没有退路了，只能安心地落草为寇！你与我就是一条船上的人了，命运就紧紧地连在一起，跑也跑不了。

这就是投名状，把大家命运捆绑在一起的有效方法。

当然，现在是法治社会，不能用非法行为作担保来捆绑双方的关系。

那企业与员工如何成为"共同体"？

简单来说就是把双方的利益最大限度地捆绑在一起，形成利益共同体，让分离的成本最大化，想离开也难。

这几年比较热门的股权激励以及合伙人制就是有效的方法。它是企业为了激励和留住核心人才的一种长期激励机制，它有条件地给予激励对象部分股东权益，使其与企业结成利益共同体，从而实现企业的长期目标。

一般来说，股权激励都有一定的前提，比如需要在企业干满多少年，或完成特定的目标。当被激励的人员满足激励条件的时候，他们就会成为公司的股东，从而享有相关的权益。

股权激励主要有股权和期权两种方式，它们之间的区别在于：股权是基于股东资格而享有的从公司获得经济利益并参与公司经营管理的权利；期权是公司授予某些人在未来一定期限内，以预先确定的价格和条件来购买公司一定数量股份的权利。

以华为、韩都衣舍、爱尔眼科为代表的企业已在导入以"利益共享"为核心的合伙人制度，培养核心人才，与公司形成利益、事业、命运共同体，未来相信会有越来越多的企业进行这方面的尝试。

当我们重新定义公司与员工的关系时，管理者们就不能仅把员工当成雇佣的对象，而是要把公司与员工的关系理解成联盟关系、合作伙伴关系，理解员工需求，实现双方共赢，持久合作。

如果双方能成为命运共同体，那么这个组织就会如管仲所说："利出一孔者，其国无敌。"

# 九、"95后""00后"的世界你不懂

### 1. 时代不同了，管理的对象发生了变化

随着越来越多的"95后"，甚至"00后"奔赴职场，管理者们发现现在的年轻人好像越来越"难管"了，讲再多道理好像都听不进去。有时自己讲着讲着，发现底下一片肃静，连个反应都没有。有时冷不丁就跟你提出离职，还一点迹象都没有。"真不知是看不懂这个世界，还是自己落伍了。"

其实"95后""00后"的以上表现不是新鲜事，较早踏入职场的"90后"就已显示出个性化的行为及独特的表达方式。

大约在六七年前，我们人力资源部门岗位刚好有一个空缺，于是我们按流程招了一位刚毕业的"90后"大学生。她大约是七月份入职，可到了九月份时，我听她的主管说她要离职了，虽然在工作中直接接触不多，可毕竟是部门的同事离职，我还是请她到办公室聊一聊。

像这种三个月不到就离职的，一般不会是薪水问题。原因也很简单，她进来时就很清楚地知道至少一年内她的薪水是多少。于是我就问：

"是不是不喜欢我们公司的氛围？"

"不，我挺喜欢的。"

哦，不是公司文化问题，这一条 Pass，继续问：

"那是不是你的主管对你不好？"

"不不不，主管人挺好的，对我也很照顾。"

有时员工加入是因为公司，离开往往因为上司，我知道她的主管不会在这方面出问题，但为了确认，还是问了，既然回答说不是，就接着问：

"那你是不是不喜欢人力资源部门的工作呀？"

"没有，我挺喜欢的，以后我再找工作，还是会找 HR 的工作。"

年轻人刚入职场，工作两个月发现工作内容不是自己感兴趣的，想换跑道也很正常。

三板斧下去，居然一点反应都没有！

按以往经验，这三条加上薪水问题，足以了解离职原因的百分之九十。

我只好继续耐心地问：

"那是什么原因让你想离开呢？"

"其实没什么，就是上班两个月后，发现每天都是早上上班，晚上下班，周末休息，周而复始，我毕业时的心愿还没实现——就是想玩够了再上班。"

原来是"世界这么大我想去看看"，这是我第一次听到这么特别的离职理由。于是我只好抛出杀手锏：

"你和父母商量过吗？"——没有父母赞助，想玩也不成！

"有呀，他们也都觉得这样挺好，反正不差这么几个月，等玩够了再工作。"

"哦，明白了，也祝你可以玩得开心！"

我只能这么结束谈话了。

这次谈话让我警醒，原来思维定式又在自己身上起作用了：每个人都像自己当年那样（僵化思维：过去怎么样，未来也怎么样），毕业了就应好好地工作，不能再向父母要钱了（凡事应该如此）。

时代不同了，十几年间中国 GDP 总量跃居世界第二，移动互联网、社交网络、自媒体、OTO 电商、人工智能、云计算等无不带来社会环境、思维习惯、生活方式的改变，新生代们（90 后人群）的成长环境、价值观、性格特点、行为方式也发生与前辈截然不同的变化！

据腾讯公司发布的《2018 微信年度数据报告》，人们使用表情包频率大数据显示，00 后最爱的表情是捂脸哭，80 后最爱龇牙笑，70 后最爱捂嘴笑，55 岁以上用户最爱点赞。大家看，光是小小的表情包使用就折射出不同年龄段的行为与习惯。

### 2. 新生代特点的三个关键词

新生代都有哪些不一样的特点呢？总结起来就是三个关键词：个性张扬、权威坍塌、多元选择。

第一个关键词：个性张扬

中国移动于 2003 年左右推出了针对年轻群体的客户品牌"动感地带（M-ZONE）"并使用"我的地盘，我作主"作为这一品牌的口号，而这口号一直在影响那个年代成长起来的年轻人。

同时，这些新生代们也是互联网的原住民，他们成长在中国互联网兴起的年代，伴随着互联网的蓬勃发展不断成长，在互联网兴起的时代，知识和内容获取的便捷程度超越了以往任何时代，他们有机会通过互联网寻找答案，他们的敏锐度和学习新事物的能力远远超过他们的前辈。

这个过程中，他们发现人生无所谓什么"必须"，更没有统一的评价标准，许多事情也没有绝对正确或者标准答案；而且他们还发现原来每个人都可以按照自己喜欢的方式生活。他们也发现社会不是只有一种声音，不是只有一种生活方式，每个人都可以做最好的自己，唯一需要的就是敢于改变的勇气或者是坦然接受的智慧。

独立自主地表达是他们的个性，也是他们的一种生活方式，无须过多顾虑他人的想法与感受。

你有没有发现，现在大学毕业季的班级照片已不再是以前标准的排排站模式，而是比创意，比个性。

同时，B 站 [①] 里的弹幕以及二次元更是这种个性化表达得最佳方式。B 站有更新及时的动漫新番，很棒的 ACG 氛围，有创意的 UP 主，每个人都可以找到自己喜欢的休闲以及生活学习方式。

由于个性化，新生代们穿着打扮都会不一样，甚至男孩子画眼线也可以被接受了，因为他们认为自己不需要成为世人眼里所谓的"好孩子"，社会也不应有"好孩子"的标准。

正是因为个性的原因，在职场上，寻找一份感兴趣、发挥自我价值的工作正成为"95 后""00 后"的追求。因此，较高离职频率就很自然地发生了。领英（知名的职场社交招聘平台）发布的"工作趋势洞察"的数据研究表明："70 后"第一份工作平均超过 4 年才更换，"80 后"是 3 年半，而"90 后"骤减到 19 个月，"95 后"更是仅仅在职 7 个月就选择了辞职。

第二个关键词：权威坍塌

在没有互联网的时代，领导在台上说什么就是什么。但今天当一位领导在台上讲话，如有案例、故事、数据要说，建议事先核实一下，免得信息有误开讲时被新生代们质疑。毕竟在互联网时代大家获取信息的机会与渠道越来越多，信息的透明度也越来越高，利用信息的隐秘性来提高自我权威的可能性越来越小。同时，新一代的年轻人更尊重自己的感受和追求，更忠实于自己的内心，不随波逐流，不放弃自我迎合别人，对于上下级观念也不十分在意。

现在有两个词，一个是"大咖"，另一个是"大神"，你认为"95 后""00 后"们会更认同哪个词？我想大概率是"大神"。

什么是"大神"？就是展现出的能力与实力让你佩服不已的人！

在知乎 [②] 上一些"大神们"回答问题的高度、格局与境界往往让人膜拜不已。

---

① B 站指哔哩哔哩网站，英文名称 bilibili，现为年轻人高度聚集的文化社区和视频平台，该网站于 2009 年 6 月创建，被粉丝们亲切地称为"B 站"。
② 知乎是网络问答社区网站，连接各行各业的用户。用户分享着彼此的知识、经验和见解，为中文互联网源源不断地提供多种多样的信息。

同样，在 B 站要是没有两把刷子就很难刷到存在感，尤其当你缺乏"才华"与"创意"这两样重要的东西时。

相较而言，"95 后""00 后"更认同那些真正有能力的领导，他们可能只是把管理者看成与自己职位不同的人而已，对管理者的尊重主要来自于他渊博的学识，得体的举止，超凡的能力，而不只是因为职位。在他们的心里，大神是他们学习的榜样，他们期望自己成为这样的人。

至于你是不是"大咖"，名片上是否印着教授、CEO、总经理、某协会会长之类的对他们来说都不重要，因为这些在传统组织里都是以权力为中心的产物，而在一个权威坍塌的时代，只认"大神"，不认"大咖"。

第三个关键词：多元选择

不知从什么时候开始，"佛系"这个词变得很流行，"佛系男子""佛系追星""佛系生活"等等。从 2017 年起，"佛系青年"词条刷遍朋友圈，火遍网络。

"佛系青年"通常是指在快节奏的都市生活中，追求平和、淡然生活方式的青年人。

这些青年人好像对一切都无感，许多的"70 后""80 后"认为应该珍惜、应该努力的东西在他们眼里可能是"无所谓""随便"，以至网上出现了佛系三连答："都行""可以""没关系"。

为什么"佛系"会成为"95 后""00 后"的一个特点？问题也不难回答，因为他们的父母为他们提供了一定的物质基础，当一个人不用担心生存问题时，其选择的空间度与自由度就会宽泛得多，毕竟经济基础决定上层建筑。

正如 B 站发布的宣传视频《后浪》里所说："你们拥有了我们曾经梦寐以求的权利——选择的权利。"这也解释了前文中刚毕业的小姑娘为什么可以说"我就是想玩够了再上班"背后的原因了。因为这一代年轻人拥有了更多选择的权利。

以至许多青年人自嘲说，"实在干得不开心，大不了我就去开个滴滴，做个代驾，送个外卖也行。对"95 后""00 后"而言，工作不仅仅是谋生手段，更多是通过工作获得一份体验感，一份契合个人价值观、满足个体成长需求的体验感。

据《2017—2018 年度中基层求职者行为特征研究》报告中显示，"兴趣爱好"已成为"95 后"求职考虑的主要因素之一。"稳定""前途"在"95 后""00 后"眼中，已不是选择工作的首要因素，兴趣爱好才是重中之重。

不管是生活，还是工作，他们都不愿意将就。

**3. 激活他们，而非控制他们**

时代不同了，对象不一样，管理的方式与方法也会不一样，我们得接受这个事实。

新生代们自信、也敢于表达，更敢于尝试。他们从入行到成为行家的速度越来越快，思维也更加成熟。

他们追求个性化，但也彰显着对社会、对生活的热爱，对"大神"的认同，他们渴望做有意义的事情！

对于这些新生代们，管理他们的关键是：了解他们，用他们期望的方式激活他们，而非控制他们。

# 十、管理者突破认知思维四要点

**要点一：扩大自我认知地图的半径**

前面，我们谈到作为一名管理者在工作中常见的固有思维认知，而这些思维认知又往往是其职业成长道路上的重大障碍，那管理者们要怎么突破这些障碍？

以下是突破认知思维四要点：

第一个建议，扩大自我认知地图的半径。

举个例子，小学的算术题对幼儿园的小朋友而言如同天书，但在中学生眼里，却简单到不能再简单，这是因为大脑的认知地图扩大了。

成年人看到的世界是由自身的认知边界决定的。网络上有个段子很好地描述了认知边界。

话说古时某一村里的两个老汉清晨起来拾粪时在村口遇上了，于是就坐下聊天。

其中一个老汉说："哎，我前几天听说隔壁县姓朱的小子当了皇帝，坐上了金銮殿，权力可大了，享受各种荣华富贵！对了，你要是当了皇帝，第一件事做什么？"

另一老汉立刻说："哼，我要当上皇帝了，第一件事就是下令方圆五里地的粪都由我一个人拾，免得每天这么辛苦！"

你看，这位老汉大概永远也想象不出一位皇帝的权力范围，就只能在自己的认知边界里解释了。

因此成年人只有扩大认知地图，让边界不断外延，方可催化出不断自我进化的动力，方会明白世界永远会有变化，自己应勇于拥抱变化。

（1）扩大认知地图的一种有效方法就是不断拓展阅读

管理者们平时要养成阅读的习惯，不仅阅读与自己职业相关的书籍，让自己的专业实力更扎实，还要阅读如商业、人文、哲学、甚至前沿科学方面的内容，这样有助于接触新观念、新思想，刺激大脑去思考，以对世界保有好奇，而且很多灵感是在阅读过程中萌生的。

良好的阅读习惯可以让自己认知的世界地图不断扩大。"读书破万卷，下笔如有神""熟读唐诗三百首，不会作诗也会吟"说的就是这个道理。不过，比较遗憾的是，据我观察许多管理者在其职业生涯里可能没有完整地看过几本书。

随着智能手机的普及，以及微信、微博、头条等以电子媒介为载体的快餐式文化正成为管理者们阅读的主要方式，这不见得是件好事。碎片化阅读最大的问题就是遗忘率高，让人很难记住昨天或者前几天阅读过的内容。

如果一个人期望通过阅读来培养深度思考的能力，就必须通过相应的阅读实践在大脑中建立促成深度思考的神经回路，这样的阅读才是有效的，遗忘率较高的碎片化阅读多数是无效的。管理者们别光把希望寄托在碎片化阅读上，还应培养有回路反馈的读书习惯。

最好的阅读动力是兴趣，我强烈建议管理者们从自己的兴趣主题开始，这样更容易建立起阅读习惯。

（2）扩大认知地图的另一种有效方法就是在职业生涯中尽可能丰富个人阅历

除了阅读，不同的履历与历练可以增长见识与经验，从而帮助学会洞见事物的本质。

这种见识与经验，可以是不同公司、不同行业的历练，也可以是同一公司但不同岗位、不同区域的历练。

为什么见识与历练如此重要？

知乎网站上有一个问题："去过 100 个以上的国家是种什么样的体验？"里边有一个网友的答案我特别喜欢："懂得了这个世界上没有绝对的正确，能够接纳别人有不同的三观和其衍生出来的思考方式。""一个人看过的人间冷暖越多，他对这个世界的偏见就会越小！"

据我了解，在一些企业里有明文规定：各级总经理、总监、经理们在同一岗时间不得超过 4 ～ 5 年。这么做一方面是为了避免时间过长搞小团体；另一方面，也是出于人才培养的考虑，让管理者们在不同地方、不同岗位历练，不仅能提升他们的能力，还能拓宽他们的格局、视野等，这样有利于人才池的扩展，最终帮助公司达成业务目标。

而且我发现一个秘密，但凡公司里职位晋升快的人，历练与经验都少不了，而在一个岗位工作太长时间的员工获得的机会并不多。曾国藩说过："欲宏其量，必扩其识。"

多阅读以及丰富的见识与经验，可以帮助我们看清事物的本质，减少世界带来的不确定性，同时可以淡定自若地看待人生中的潮起潮落，正如《菜根谭》所言，"宠辱不惊，闲看庭前花开花落；去留无意，漫随天外云卷云舒。"

新人看啥都新鲜，老手看啥都俗套，说的就是这个道理。

当我们说某个人格局很大时，通俗化的解释就是他的思想层次较高，就如登山者，攀登得越高，视野就越辽阔，眼界就更高远！

在人的认知地图里有两个基本规则：第一，认知层次低的人无法看到高层次的世界；第二，大多数人都以为现有的认知就是认知的最高层次。

可为什么工作中有些厉害的高管又好像都固执己见？真实原因在于格局可以从上往下看，很少从下往上看。那些厉害的人并不是不善于听取他人意见，而是由于格局不同，普通人的建议对他们来说缺少建设性。

因此，作为管理者们需要不断扩大认知地图的边界，当认知能力提升，格局和世界观也会随之改变。

**要点二：换个角度看问题**

当年，中央电视台二套《对话》节目里曾有这么一次对话：

陈伟鸿："据说这个阿里巴巴网站有这样一个规矩，如果不会倒立的话你就没有资格来我们公司工作，此话当真？"

马云："我们是有这样的规定，现在 150 名员工都必须得学会倒立。非典时期我们全公司被隔离，因为没有时间锻炼，都在我家里，所以倒立是最好的锻炼。另外我认为很多不可能的事情，倒立看世界可以变成可能的，我们阿里巴巴网站换个角度倒立看世界。"

当你换个角度看问题时，答案可能就会不一样。

读初中时，我的数学老师经常教我们要用发散思维思考问题，当你从常规角度解不开数学题时，那就换个角度思考，许多时候，虽然正确答案只有一个，但解决问题的方法却有很多。

数学老师对我说过的一句话至今令我难忘："在数学之外的生活里，有很多事情是没有标准答案的，凡事要站在不同角度多想想，也许答案就在那里。"

著名学者吴伯凡曾经给"观点"做了一个有趣的定义：依据观察的地点得出的

结论。

不同高度、不同地点、不同角度看事情，得到的结论就可能完全不一样。

同样是玫瑰花，热恋的年轻人看到的是爱情；植物学家们看到的可能是被子植物门双子叶植物纲。

然而我们日常接触的各类媒体、评论、声音往往都只是站在一个角度看问题，这时更需要我们有意识地从其他角度思考，方才能粗略了解事情的全貌，要不然就很容易落入"盲人摸象"的困局中。

有时，世界上哪有什么对错，只是立场不同而已！

某种意义上，人类所有的认知都是偏见，更何况人们习惯只从一个角度看问题时，傲慢与偏见自然就会产生。

1792 年，清朝乾隆皇帝在接见以马戛尔尼为首的使节时，给英国国王写了封信说："我天朝地大物博，物产丰富，如果英国喜欢我们的丝绸和瓷器，我们每年赏赐给你们一些就可以了，尔等居于蛮夷之地，路途遥远，无须进贡，只需心向天朝即可！"

这也是一种傲慢与偏见！

很多人看魔术师表演，觉得很神奇，殊不知魔术师并没有什么高明之处，只不过充分利用常人固有思维与习惯的思考角度，做出与观众预测相反的结果而已。

如何让自己的认知思维得以突破，管理者们不妨常常换个角度看问题，有时它可能会带来意想不到的结果。

**要点三：自省与反思**

如前谈述，心智模式会让我们的思想禁锢在牢笼里，所以我们很容易以自己固有的知识经验，给别人贴上标签，做出判断。

那么通过自省和反思的方式把隐藏内心深处无意识的假设、逻辑、规则找出来，方能对心智模式进行检验和改变。

因此，自省与反思是有意识察觉无意识行为的一种方式，它是帮助认知自我，拆掉思维里的一些"墙"，打破固有心智模式的一种有效方法。

曾子曰："吾日三省吾身，为人谋而不忠乎？与朋友交而不信乎？传不习乎？"

《论语·里仁》也说："见贤思齐焉，见不贤而内自省也。"

对于忙碌的管理者们而言，每日三省好像有点难，但三日一省还是可以做到的。通过自省，反思工作中的言行举止，以及背后的心智模式，不断对自己的行为进行修正与改进。"静坐常思己过"就是一种自省状态的描述。

当然自省与反思也是有一些具体方法的：

比如说《重塑心灵》一书中就介绍了"问题导向法""破框法""意义换框法""二者兼得法""环境换框法"等打破固有思维的有效方法。

再者，按瑜伽界的说法，冥想也是一种非常有效的自省方式，可以帮助唤醒潜意识，从而达到净化意识的效果。

最后，他人（比如同事、领导、客户、朋友、家人）的反馈也是自省与反思的有效方法，反馈会让人看到自己看不到的盲区，"有则改之，无则加勉"。

**要点四：行动，做点不一样的**

在我的职业生涯中，我很喜欢一位管理者常挂在嘴边的两句话：

"如果你什么也不做，却期待明天一觉起来事情就会发生天翻地覆的变化，那你一定是个白痴！"

"如果你现在不觉得一年前的自己是蠢货，那说明你这一年没学到什么东西。"

不让自己的思想被禁锢在牢笼里，最重要的还是去行动，学点未知领域的东西，实践与以前不一样的行动。

事实上，当你开始学未知领域的东西，做点与以前不一样的事情时，就如《高效能人士的七个习惯》书中所说："你这时已开始走出了自己的舒适圈。"

北京卫视《我是演说家》有一期节目让我的印象特别深刻：一位叫董丽娜的盲人女孩冲破"盲人就只能好好学推拿，因为这是以后唯一的出路"的刻板印象，勇敢地去学习播音主持，经过不断努力，她终于进入中央人民广播电台工作的故事。

如果董丽娜一开始就接受"凡事就应该如此"，未能勇于去改变，也许就与中央人民广播电台，这座所有播音员心中的殿堂无缘了！

注意，这时讲的改变是指改变自我，而不是光想着去改变他人。

一位哲人曾这样讲道：当我是个小孩子时，我梦想着改变世界；当我进入青年时，我发现世界改变不了，我就梦想着改变我的国家；当到了中年，我发现国家也改变不了，于是我想改变我的城市；等我到了晚年，我发现城市也改变不了了，于是我想改变我的家人；可是我发现我连家人也改变不了。

这时，我突然意识到，我所能改变的只有我自己。当我改变自己时，我发现我的家人也在发生改变，我的家人改变了，我想我所在的城市也在发生改变，城市改变了，国家就会改变，国家改变了，世界就会发生改变！

管理者认知思维突破四要点（图 1-3）是一个持续递进的过程，从扩大自我认知地图半径到换个角度看问题，再到自省与反思，最后去行动。

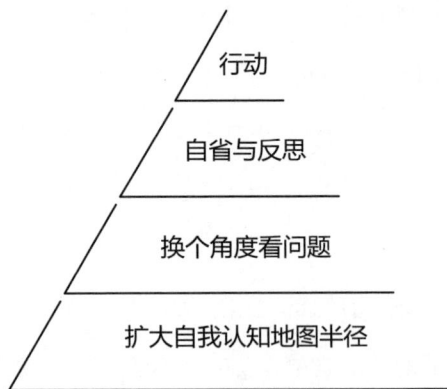

图 1-3　认知思维突破四要点

思维决定行为，行为决定习惯，习惯决定命运。管理者们真正的成长，不仅是学习新知识，更是改造旧模式，执着于自己看法的人，往往会被看法所迷惑！

新知识、改造旧模式都是为了让人成为一名真正有智慧的管理者。

关于智慧，有这么一种说法："智"是看见了事物的不同。所以专家、教授等专业人士都强调他们的东西与别人的不一样。有一个成语说得好，急中生智，意思就是在情况紧急时或在危急中突然想出新的应对办法。

"慧"也可以理解为看透事物的本质,如果是事物本来呈现的样子,那么就能打通事物的任督二脉,从源头解决问题。这是一种更高的认知境界。也有一成语说得好,定能生慧,意思就是不管遇到什么事情,宠辱不惊、波澜不惊、随机应变、应对自如。

认知能力强的人,都有一眼看穿事物本质的能力,很多复杂的事情,看似千头万绪,其实本质都是简单,且相通的。

"苟日新,日日新,又日新。"管理者们的认知思维突破是一个长期的过程,非一朝一夕之功。只有坚持学习思考,时刻对僵化思维与习惯保持警惕,通过扩大认知地图、常换角度看问题、不断自省与反思、勇于行动方能突破经验对头脑的禁锢,管理者们才能真正地成长。否则,在笼子里长大的小鸟,会认为飞翔是一种病。

# 第二章
## 锦囊2：角色再定位

# 一、一半是团长，一半是政委

## 1. 管理者既要当团长，也要当政委

相信许多人都看过《亮剑》这部剧，主要讲述我军优秀将领李云龙的传奇人生，其中精彩的独立团故事占了整个电视剧的大半篇幅。在独立团，李云龙担任团长，赵刚当政委，两人一文一武，搭档默契，屡立战功。

团长，理所当然，负责带兵打仗，完成上级交给他的作战任务是第一要点。

政委，顾名思义，主要做官兵的政治思想工作。

一支有战斗力的部队离不开团长、政委的通力合作，打仗、思想工作两手抓，两手都要硬，缺一不可。

回到企业中来，当管理者带领团队时，他不也要像团长一样带领团队完成上级交代的任务，像政委一样需要凝心聚力，激励员工，并最大限度地激发出团队成员的主观能动性？

所以，我们经常说管理者的使命是：让工作富有成效，让员工有成就感。

事实上，从管理者的角色来看，是团长角色让工作富有成效，是政委角色让员工有成就感。

管理者每天要处理的事情非常多，制订计划、安排任务、检查跟进、与员工谈话、招聘新人、总结鼓励等。但如果把管理者每日的各项工作高度归纳，应该只有两件事，那就是团长的事、政委的事，而且是两手抓，两手都要硬。

用管理学的术语来说，团长的事、政委的事就是带好团队、完成任务！如图 2-1 所示。

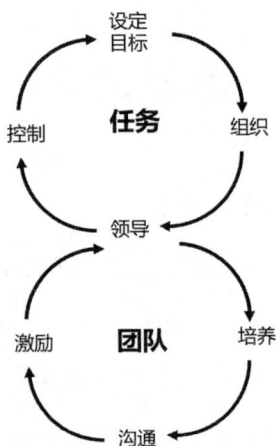

图 2-1 管理者的角色：带好团队、完成任务

　　如何完成任务？就是通过计划、组织、领导、控制这样一系列相互关联、连续进行的活动构成，这些活动被称为经典的管理四个职能。

　　如何带好团队，最大限度地激发出员工的主观能动性，可以从领导这个职能延伸出选得准、育得快、激励好（用得好、留得住）这几部分。而且是带好团队在下，完成任务在上。因为管理者只有带好团队，方能持续地完成上级交给的任务。

　　历史上但凡经常打胜仗的团队，无一不是士气高昂的团队！

　　用李云龙的话来说就是："兵熊熊一个，将熊熊一窝。""只要我还在独立团，独立团的兵就嗷嗷叫，遇见敌人就敢拼命！"

　　这个世界上不会有如你所愿的家庭，除非你愿意主动去经营；世界上也不会有让你满意的团队，除非你愿意亲手去打造。

　　有战斗力的团队是靠管理者自己带出来的，而不是天上掉下来的！

## 2. 四种常见的管理者类型

　　既然我们明白了管理者的两大角色就是带好团队、完成任务。那么把这两个角色变成横纵轴，来看企业里管理者们的现状就会是一件挺有意思的事情，如图 2-2 所示。

横轴表示带好团队（政委角色），向右边延伸代表所带的团队凝聚力强，也越是人们愿意工作的地方。

纵轴表示完成任务（团长角色），越往上延伸代表完成上级交给任务的完成度越好。在许多企业的众多销售机构里，总有那么几位销售经理几乎月月都可以领着大家完成任务。

通过横纵轴，我们就可以把管理者们简单的分成四类人：明星、业务精英、老好人、被淘汰者。

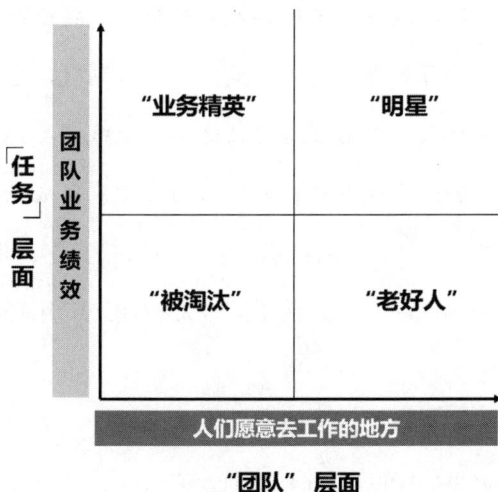

图 2-2　管理者的四种画像

第一类管理者：想一想，如果在企业里，有一位管理者带领团队很有一套，员工很乐意在这个团队里与他一起工作，同时他带的这个团队业绩也特别棒，属于第一象限，我们把这类管理者称之为"明星"。

"明星"有两层含义：

第一层意思，这类管理者是企业的"明日之星"，将来一定可以在企业里走得更远，担更大责任。原因很简单：因为他团队带得好，任务也完成得很棒。

第二层意思，这类管理者还将是自我职业发展道路上的"明星"，到哪个企业都受欢迎。

第二类管理者：这类管理者的特点是自己拼死拼活终于把团队绩效扛下来了，但团队却还是一盘散沙，团队成员也没有归属感。

一般来说，这类管理者大都还没有完全做好管理者的角色转换，还把自己当成业务"超人"，一人包办团队的大部分事情，但往往他的员工却不买账。

对于这类管理者，如何做好从优秀员工到管理者的角色转换，孔子的学生子贱给出了一个很好的答案：

子贱有一次奉命担任某地方的官吏。当他到任以后，人们却常见他弹琴自娱，不管政事，但是他所管辖的地方却治理得井井有条，民兴业旺。这使那位卸任的官吏百思不得其解，因为他每天即使起早摸黑，从早忙到晚，也没有把地方治理好。于是他请教子贱："为什么你能治理得这么好？"子贱回答说："你只靠自己的力量去进行，所以十分辛苦；而我却是借助别人的力量来完成任务。"

我们把这类自己"一肩扛"的管理者叫作"业务精英"，即做起业务一把好手，但在带领团队方面却一塌糊涂，在企业里刚被提拔起来的年轻管理者大都属于这个类型。

第三类管理者：这类管理者缺乏原则，不愿得罪人，不想负责任，一团和气，怎么都行。这类管理者带的团队表面上看相安无事、其乐融融，但却交不出令人满意的结果，无法完成上级交给的任务。我们把这类管理者称为"老好人"，人缘不错，但对企业而言用处不大。

这种类型的管理者在企业里具有一定的隐蔽性，需要花功夫识别，原因是其群众口碑还不错，他们往往是企业各级管理者中的"南郭先生"。

第四类管理者：这类管理者所带的团队一团糟，相互推诿，互相责怪，还交不了任何结果，相比"老好人"类型的管理者，这类管理者比较容易识别，并会被公司快速淘汰。

事实上，在企业里，大部分管理者都集中于第一、二象限，并且在第二象限的人正走在"业务精英"到"明星"的路上。

多年经验告诉我，管理者们一般都能当好团长，因为他们知道完成任务是管理者的第一天条，但有时会忘了政委的角色，有些管理者以为员工理所当然会跟着你向前冲。

管理者们，在职业道路的每一天，别忘了你的角色一半是团长，一半是政委。也希望大家做到"眼中有事、心中有人。"

# 二、管理核心就是激活人

## 1. 激活人，现实情况却不容乐观

我们在前一节中讲到，管理者在带领团队时扮演了团长与政委两种角色，这两种角色紧紧围绕着两点：提高团队凝聚力、发挥人的价值，完成工作任务。

今天是知识经济时代，是人才主权时代，人的价值会变得越来越重要，同时，随着互联网正从一个线性、确定的世界，走向一个非线性、不确定的时代，柔性化将是商业领域最突出的特质。

在这种情形下，管理者要想更好实现工作目标，完成团队业绩，更多取决于团队员工的主观能动性是否被最大限度地调动起来，取决于员工被激活的程度。

就如同一部奔驰向前的车，需要油和驱动，驱动在团队管理中就如同各种战术、规范与流程，而油就如同激活人，使其动力十足。

所以我们说管理的核心就是激活人。

但管理者们的真实情况如何呢？

Hay(合益)集团[①]曾对中国企业十多万名员工进行了"员工有效性"调查。其中有一项是下属对上级的评价情况。这份调查评估可以分为四类：

（1）高绩效的领导者——创造了高绩效环境和氛围的领导者；

---

① 合益集团是一家全球性管理咨询公司。

（2）鼓舞人心的领导者——因为上级的原因，员工愿意更加投入；

（3）不增加价值的领导者——上级在激励员工方面，既没有正面激励的效果，也没有负面挫伤积极性的情况；

（4）挫伤积极性的领导者——员工觉得积极性被挫伤。

曾经有份调查数据显示：19.1% 的上级被评价为"高绩效的领导者"；9.8% 上级属于"鼓舞人的领导者"；13.4% 的上级属于"不增加价值的领导者"；最可怕的情况是，57.7% 的上级被评价为"挫伤积极性的领导者"。

从跟踪调查来看，最后这类领导者近两年占比还有所上升。

所以，别说激活员工，能不挫伤员工积极性的管理者对企业而言就"阿弥陀佛"了。

### 2. 阿米巴经营模式就是激活员工的一种有效组织模式

大家一定听说过"阿米巴"经营管理模式，是由日本商业领域经营四圣之一的稻盛和夫首创。

稻盛和夫创办的京瓷公司以及 KDDI 电信公司一直都保持着高收益且持续稳定的发展，其原因就在于采取了"阿米巴"的经营手法。

"阿米巴"在拉丁语中是单个原生体的意思，属原生动物变形虫科。变形虫最大的特点是能够随外界环境的变化而变化，不断地进行自我调整来适应所面临的生存环境。这种生物由于其极强的适应能力，在地球上存在了几十亿年，是地球上最古老，最具生命力和延续性的生物体。

阿米巴经营模式是将企业像变形虫一样划分成一个又一个小单元，这些小单元独立核算，自负盈亏。通过组织划分充分明确权、责、利，实现人人都是经营者，上下同欲，共同完成目标。

阿米巴经营模式通过人人成为经营者，让员工在工作中感受人生的意义和成功的喜悦。事实上，阿米巴经营模式就是激活员工的一种有效组织模式。

它是一种激励人，把人的主观能动性调动起来的组织方法，激励全体员工为了组织的发展齐心协力参与经营，让员工有自我认同和成就感，最大限度地发挥每个人的积极性和主动性。如此一来，每当履行了自己在工作上的职责之后，员工就会在工作中感受到人生的意义和成功的喜悦。

它的重点是经营人，而不是管理人。其重心是如何激发人心，激发人的热情。当个人的热情在管理创新机制下被无限激发时，它所产生的效率和效益将是"核爆级"的。

它是解决人的动力问题，重点关注的是如何"做好人"。

各位管理者，经营企业是这样，带一个团队不也是这样吗？管理不是控制，而是释放！

### 3. VUCA[①] 时代，激活员工的公式 E=mc²[②]

在 VUCA 时代，管理者们应该如何激活员工呢？这里先引用著名管理大师肯·布兰佳的著作《共好》里的一个挺有意思的观点，它借用了爱因斯坦在狭义相对论中提出的著名质能转换方程 $E=mc^2$。

在 $E=mc^2$ 公式里，要激发员工的热情有三个关键要点：

（1）让员工对所做的工作有使命感（Mission），这样工作起来才会有意义，才会有动力，才会全身心地投入，而不仅仅只是为了"活下去"，才不会在工作中"能不消耗能量就不消耗能量"。

（2）钱不是万能的，但没有钱是万万不能的

对要"活下去"的员工而言，钱（Cash）是首要的，按照著名行为学者马斯洛在《人类动机论》所提出的需求层次理论，人有生理需要、安全需要（这两种需要为低级需要）、社交需要、尊重需要和自我实现需求（这三种为高级需要）。他认为：这五种需求逐级上升，只有低一层的需要被满足以后，高一级的需求才会被激发。

---

① VUCA：VUCA 时代指的是变幻莫测的时代，是 Volatility（易变性），Uncertainty（不确定性），Complexity（复杂性），Ambiguity（模糊性）的缩写。

② E=mc²：这一方程描述了质量与能量之间的当量关系。在这里，E 的意思是热情（Enthusiasm），M 的意思是使命（Mission），两个 C 分别代表钱（Cash）和关心（Care）。

因此必须先满足员工的生理、安全等这些物质需求（当然，进一步研究发现，当人们的高级需求被充分激发以后，他对于底层需求的要求会降低些）。

（3）关心你的员工（Care）

在肯·布兰佳的《共好》中，他用的是英文单词Congratulations的首字母"C"，意思是给员工喝彩。实际上，按员工管理习惯，用关心（Care）会更贴近些，关心可以包括在使命（Mission）的指导下接纳员工、帮助员工、尊重员工、肯定员工，其中祝贺（Congratulations）是肯定员工的一部分，用关心（Care）的范围与角度更加宽泛。

激发员工的热情，E=mc² 告诉我们：在使命的指引下，物质激励（Cash）与精神关怀（Care）要两手抓，方能驱动员工全力以赴，向前冲。

# 三、弗格森的曼联球队启示

## 1. 一支有战斗力的团队：弗格森的曼联球队

作为一名前曼联足球队球迷，追随这支球队的时间大约是前主教练弗格森的执教时间。

弗格森是足球史上最伟大的教练之一。在长达 27 年时间里，他率领曼联夺得 38 项冠军，更是在 1998—1999 赛季帮助曼联实现"三冠王"伟业，亲手缔造了伟大的红魔王朝。

球队是团队组织的典型代表，二三十人，分工明确，各司其职，有守门员、后卫、中场、前锋、替补、领队、教练、队医等等，还有一位领导者，即主教练。球队这个团队的唯一目标与任务就是不断地赢球，夺取桂冠！

纵观世界各地不同的球队，有起内讧的球队，矛盾不断，战斗不止，我把这种球队叫"战斗"球队。注意，这个加双引号的战斗是指对内的战斗，正所谓"内战内行，外战外行"。

有平庸无奇，各自为战，比赛场上行同走路、毫无斗志的球队，我把这种球队叫"散沙"球队，比如我们那一支十几年如一日不争气的男子足球队。

当然，也有像弗格森麾下的曼联球队，一支齐心合力、人才辈出、狂揽冠军的"高绩效"球队。

**2. 弗格森《领导力》书中的五点经验**

弗格森带领的这支高绩效球队又给带团队管理者什么样的启示呢？从弗格森著写的《领导力》一书中，我们可以总结以下五点经验：

（1）心中有坚定的长远目标

弗格森认为，团队领导者应该树立主人翁意识，把自己当成事业的主人，对事业采取终身负责的态度。当你对一份事业终身负责，那就意味着你不再追求短期利益，而是追求长期和持续的成功。

举个例子，在足球界，最直接的赢球方式是花很多钱购买大牌球星，然后在一个赛季冲向冠军。但弗格森从来没有通过大量投钱来获得这类成功，因为他明白自己的目标不只是一个赛季能否夺冠，而是站在更大的时间尺度上思考曼联这支球队如何在未来几年甚至十几年里成为一支真正伟大的球队。

当有了长远坚定的目标，就不会随波逐流，而是坚定地按照心中清晰的地图去走。

弗格森在书中写道："我的工作是制定非常高的目标，是让人们相信自己能够做到之前认为自己做不到的事情，我的工作是画出一条之前从未走过的道路，我的工作是让每个人都相信世界上没有不可能。这就是领导和管理的区别。"

（2）合理的分工与用人

一支球队要不断获取胜利，光靠主教练肯定不行，更何况比赛是球员们在场上比赛，而不是主教练在比赛。用弗格森的话说："球员一旦跨过球场线，就不是教练能控制的了。"

因此如何找到对的人，培育人，然后把合适的人放到合适的位置就是主教练最重要的一项工作。

先说选对好苗子，然后不断地培育的故事。

弗格森担任曼联主教练后不久，就开始着手选拔以及培养一批曼联青训球员，在这个过程中吉格斯、斯科尔斯、贝克汉姆、内维尔兄弟、尼基·巴特等十几名球员脱颖而出，当时的曼联球队平均年龄只有 26 岁，以至于利物浦名宿阿兰汉森一度质疑：靠一帮孩子什么也赢不了，但这群年轻人在弗格森调教下实现了自己的天赋，各司其职，成长为曼联的核心骨干，并在 1999 年帮助球队拿下三冠王。

身为教练，弗格森除了善于挖掘自己家的孩子外，还会在转会市场上挑选有潜力的适合曼联球队的球员。从 20 世纪 90 年代初的保罗·因斯、马克·休斯，到 90 年代中期的坎通纳、罗伊基恩，再到门神舒梅切尔、"黑风双煞"科尔与约克及现曼联主帅索尔斯克亚，再到"禁区之王"范尼、费迪南德、C 罗、鲁尼、范佩西。他们大多数都是在弗格森的调教之下成长为球星或超级巨星的。说弗格森是足坛的一名伯乐，一点都不为过。

（3）明确的团队规则

中国有句古话："没有规矩，不成方圆。"有了规矩还要靠执行才能发挥效能。球队要有战斗力，要取胜，必须令行禁止！弗格森铁腕治军的作风是他成功的一个重要因素。

弗格森对于弟子们的要求非常严格，队内纪律严明，且一视同仁，不会因为谁是巨星、谁曾立下赫赫战功就被优待，更不会因为成绩压力而有所妥协。

举个例子， 2011 年冬天在一个训练班上有 3 名球员无故缺席，弗格森直接取消了他们参加下一场比赛的资格。而那时曼联队有几位主力球员因伤病而退赛，这意味着现有的每一位球员都非常重要，而当时，曼联队正朝冠军的路上迈进。但弗格森坚持不让这三名球员上场，最终曼联输掉了这场比赛。赛季结束时曼联队仅以非常微弱的劣势输掉了冠军。

弗格森坚持纪律是一切的底线，他不会为了短期的成功而突破底线。同时他的铁腕治军做派也为他赢得了足够的权威，没有人敢造次，更没有人敢破坏球队的团结。

（4）凝聚共识，打造赢的欲望

弗格森虽说是主教练，但他并不只是发号施令，让大家都听他的，而是会把不同性格的球员们的认知模式给统一起来，凝聚共识，激发潜能，形成超强的战斗力。

他曾说："管理者专注于控制行为，而领导者则专注于建立共识。"

他在明确队员的强项和位置后，会根据他们各自的特点，采用劝说、鼓励、批评、怒骂等手段，激发队员获胜的欲望。

他会在球员懈怠时大发雷霆，在士气低落时发表鼓舞人心的演讲，让球员直面胜利的渴望，让球员相信即使暂时落后，球队也能以各种方式赢回来。当然，即使输球，也从未输掉尊严。

正如弗格森本人所说，曼联队有一种人人都会感染的"病毒"，叫作胜利。让大家沉迷于胜利的感觉，然后展现自己的神奇力量，一起为胜利而战，并形成强大的、顽强不息的红魔精神，在 27 年间生生不息！

（5）不断改变

弗格森执教曼联球队后，改变了球队以往简单直接的英式足球风格，同时保留了曼联大开大合的打法和气势——曼联球队的精髓。他强调在体能保证的情况下运用技术，同时也强调脚下控球，强调边路进攻与整体推进的结合。

在 27 年的执教生涯中，球队球员更换了四波，弗格森会根据当下队员的特点以及足球打法的变革不断地对球队战术进行细化和革新。从最早的英式长传冲吊到后来贝克汉姆、吉格斯的两翼齐飞，再到 2004 年后朝着高压紧逼节奏掌控战术改进，弗格森执教下的阵型在不断变化着，而不是墨守成规。

从结果来看，弗格森率领曼联共参加 1500 场比赛，取得 895 场胜利，共夺得 13 次英超联赛冠军、2 次欧洲冠军联赛冠军、5 次英格兰足总杯冠军等冠军奖杯。

心中有坚定的长远目标、合理的分工与用人、明确的团队规则、凝聚共识，打造赢的欲望、不断改变，也许就是弗格森为曼联球队捧来了 38 尊奖项背后真正的原因。

打造一支像弗格森时代的曼联球队是每一位管理者的梦想，而事实上弗格森《领导力》一书中也用真实的故事揭示了管理者身上领导力修炼的过程，那管理者身上的领导力如何修炼？请看接下的第四节。

# 四、是时候发挥你的领导力

## 1. 管理力与领导力

前面我们说过，越来越多的"95 后"，甚至"00 后"奔赴职场，如何带好他们是管理者们的重要挑战。

先看一个案例：

有一年冬天，公司准备组织一场市场活动，需要给参加活动的客户发送印制的产品展示说明。你已把描述新产品概念的设计稿件在三天前交给了你们部门的市场专员"95 后"员工小李（背景：小李家刚拆迁，家里已补贴好几套房子）。

稿件虽然经批准并已交出去了，同时经理也全权授权你跟进此事，可你始终觉得新产品的卖点描述还可以提炼得更好。

这些天你出差在外，还在苦苦思索怎样能设计得更好。星期五晚上，你灵光一现，有了新点子，于是立即奋笔疾书。晚上十一点多，终于写出了让你非常满意的新稿件，你深信这个文案能大大吸引来参加市场活动的客户。

按时间计划，明天就要印刷了，此时必须要回公司进行重新排版、设计，再给印刷厂最终稿件。

"要能把原稿换下来就好了！但是时间太晚了……"

此时是周五，而且快深夜，外面零下十几度，小李一个女孩子要出门，而且可能要凌晨三点多才能回来。就在两天前，她母亲刚去世，家里还在许多事情处理。

你心里非常犹豫……

问题：

在所有条件都不能变的情况下（你出差在外无法回来，也只有小李本人回公司的情况下），此刻你怎么办？你会要求她去吗，或你如何要求她去？

当然，本案例完全是假设、刻意模拟和限定条件的，可如果工作中真有这种情况，你会怎么做？

用命令的口气要求小李去？在这种情形下好像说不出口，而且对方也有一百个充分的理由拒绝。

用交换条件的方式（比如事后给假期，给额外奖励）要求小李去？这时候好像诱惑不大，而且作为一名主管能给的奖励也有限。

用威胁的方式要小李去？呵呵，小李不怕。

事情发展到现在，决定事情能不能往前走的人只能是小李了，而不再是这位主管，如果小李此时不愿意去，也无可厚非。

回到实际工作中，如果要求下属去做一件事情，按正常逻辑，会是两种情况：

第一种情况，心不甘情不愿地去了。也许是怕被扣奖金，也许是担心以后工作上被穿小鞋，也许是不想失去这份工作……这些与下属实际经济利益有关的因素让他去行动了。"天下熙熙，皆为利来；天下攘攘，皆为利往。"当员工为了"活下去"工作时，经济利益永远是第一关键因素，这种情况也可叫"薪"甘情愿，看在薪水的份上去工作。

我们把管理者通过决定他人经济利益而让他人行动的力量称为管理力。

管理力的好处是：简单、快速、有效。

凡事都有两面性，管理力的坏处是：不可持续，容易逆反，员工是被动工作，甚至有时会消极抵制，无法创新。

如果小李是心不甘情不愿去的印刷厂，在现场看稿时明明发现主管有句话写得不对，他也当没看见，本来就是被迫去的，又不自己的责任，多一事不如少一事。

第二种情况，下属心甘情愿地去，也许是他对这位领导很认可，也许他认为这位领导平时对大家爱护、信任有加，现在是时候帮助领导了；也许在这位领导的带领下他对这份工作很有成就感，很热爱这份工作……反正就是下属发自内心愿意去的。

我们把管理者这种让他人发自内心去行动的力量叫作领导力。

领导力的好处：可持续，心甘情愿，员工是主动工作的，过程中还会有创造性。举个例子，小李在校对过程中发现主管有句话可以写得更好或发现了某个错误，就会主动立即与经理联系并提出建议。

领导力不好的地方：见效慢，需要较长时间培养，同时对领导者要求高，需自律、专长、用心等。

古希腊有个寓言故事就形象地隐喻管理力与领导力的区别，寓言是这样的：风和太阳比赛，看谁先让行人把棉袄脱下。风说："这好办，我力量大，把它吹下来不就行了吗？"于是刮起了非常大的风，但是风越大，行人却把衣服裹得越紧。这时，太阳笑眯眯地出现了，说："看我的吧。"于是它增加热力，把温暖洒向行人，天气一下子变得特别热，行人开始流汗，于是就主动把外套脱掉了。

管理力是命令下属做事情，领导力则是影响下属主动做事情。

## 2. 管理力与领导力的区别

前面说过，管理者工作中驱动员工行动的主要有两种力量：管理力及领导力。

当员工被公司提拔为管理者时，他自然而然就获得了管理力——命令别人行动的力量。这种力量的背后是因为他可以直接或间接地决定对方的经济利益，而且这种力量是公司赋予的。

可是，他刚上任时不一定拥有领导力，一种让人心甘情愿追随与行动的力量。

管理者身上有没有领导力不是由管理者决定的，而是由他们的下属决定的。

社会学家默顿曾有这么一句话形容领导力："领导力是一种人际关系，在这关系中，他人服从是因为他们自己想服从，而非别无选择！"

在中文里，"领导"有两重意思，当它是名词时，比如下属见到上级领导说："领导好。"这里指的是职务，这职务是由公司任命的。当它是动词时，比如说，"他领导着这个团队"，指的带领这样的动作。

而领导力是管理者驱使他人自愿行动的力量，这种力量是要靠自己赢得的。

如果一位管理者老用各种方式提醒别人"我是领导，必须听我的"，那他在下属面前肯定没有领导力。

管理力靠职权，领导力靠影响；管理力的本质是权力，领导力的本质是追随；管理者具不具备领导力，衡量的标准是看他有没有追随者；有领导职务只能说明你有下属。只有把下属变为追随者，才是一名真正的领导者。

许多管理者沉迷于管理力，可遗憾的是，管理力不是永恒的，是由公司赋予的。在公司里，任何管理者的管理力都可能被随时拿走。但领导力是永远属于自己的。

从一定意义上讲，团队管理者真正的权力是赢得的，而不是赋予的。

在实际工作中，我们把管理者身上的管理力与领导力做比较，如图 2-3 所示。

| 管理力 | 领导力 |
|---|---|
| 拥有下属 | 拥有跟随者 |
| 管理行为 | 影响思想 |
| 发号施令 | 给出方向 |
| 针对变化做出反应 | 带来变化 |
| 下属被动做事 | 下属主动做事 |
| 依赖控制 | 依赖信任 |
| 不可持续 | 可持续 |
| 可以让事情快速发生 | 需要较长时间培养 |

图 2-3 管理力与领导力的区别

《道德经》第十七章中形象地描述了国家君主不同层次的表现："太上，不知有之；其次，亲而誉之；其次，畏之；其次，侮之。"

如果借用这句话形容今天管理者身上领导力的高低，大约是这样的：

最好的领导者，下属不知道有他的存在；次一级的领导者，下属亲近他，称赞他；再次一级的领导者，下属害怕他；最次的领导者，下属轻视他。

管理者们，你属于哪一层次的领导者呢？

### 3. 领导力修炼的三个层次

面对新生代员工时，管理者是时候发挥领导力了，因为他们更愿意追随有领导力的管理者而不是管理他们的人。

工作中，作为一名管理者，你可以买到一个人的时间，可以雇一个人到固定的工作岗位，也可以买到按时或按日计算的技术操作员。但你买不到热情，买不到创造性，买不到全身心的投入，你不得不设法争取这些，而争取这些背后的因素就是你身上的领导力。

那管理者如何修炼自身的领导力呢？一般来说，领导力的修炼可分三个层次：

（1）领导力第一层次修炼

这一层次领导力的修炼是自我的修炼，包括个人心态、认知思维高度、言行举止、道德品行、专业水平、是否言出必行、是否以身作则、是否有担当等。

管理者只有在这些方面牢牢站稳了，才会有魅力，并吸引他人，员工才会给予认同、支持和信任，真心实意地拥护管理者担任领导者。

事实上，这一层次的修炼是整个领导力修炼的基石。

詹姆斯·库泽斯、巴里·波斯纳在《领导力：如何在组织中成就卓越》中展示了他们进行的一项研究，该研究自 1982 年起已调研了几万个受访者。他们在调研中提问：当你处于最佳领导者状态时，你做了什么？受访对象包括各种不同类型组织中的人，他们处于不同的层级、不同的岗位。研究者综合他们对于所经历的故事和行为的描述，分析得出排第一位的是：领导者能够身先士卒、以身作则。

西方有这么一句管理谚语："以身作则，不是劝导他人的重要途径，而是唯一途径。"

《论语》里也有同样意思的话："其身正，不令而行；其身不正，虽令不从。"

当你是一个对工作充满热情、对未来充满向往的管理者时，那么你的员工也会是积极乐观、勇于进取、浑身散发正能量的人。

因此领导力的修炼必须从自我开始。当管理者成为一个拥有学识、胸怀和远见的人，不仅能够严于律己、信守承诺，还能给他人带来正能量时，追随者自然会因这种魅力而来。

学者王烁的著作《在耶鲁精进》中有一段关于阿里巴巴董事会执行副主席蔡崇信在耶鲁法学院与学生对话时回答追随马云的原因，摘录如下：

问：你耶鲁法学院毕业，做投资做得好好的，为什么会加入阿里巴巴？当时它啥也不是。

蔡崇信：1999年5月，我第一次见马云时，感觉是命运把我们带到了一起。本来我是代表 Investor AB 去看要不要投资马云，结果发现它连个公司都没有，就是个网站。我就说，我给他注册公司吧。

我见过他们18个创始人，都是马云的学生，一群没出过国的人，但个个精力旺盛，龙精虎猛，感觉很奇特。我跟马云说，让他把股东名单发我，我给他注册公司，马云就发来了传真，18个人都在上面。虽然他们都是马云的学生，但马云把他们看作创始人和伙伴。与同伴分享，这在创始人中可不常见，我就动心了。

问：你为什么当时敢冒这个风险？

蔡崇信：当时其实也是冲动决定，没有经过什么周密的风险收益计算。只是当时觉得去冒这个险，下行风险很小，上行收益可能很大。说到底，如果我去阿里巴巴干半年，公司不行了，我还是可以再回头去干税务律师或者做投资的。很幸运，阿里巴巴成功了。

问：冲动哪里来的？

蔡崇信：我做事看人。跟谁干，跟人的感觉，有没有操守，品格如何，值不值得信任，有没有友情。如果觉得对方会照看你，你就有纵身一跃的勇气。我绝对相信人的因素。

管理者的这种魅力还包括管理者自身的专业实力。在这个只认"大神"的时代，管理者更需要不断提升专业技能，这种专业技能可以是渊博的知识、扎实的专业功底，也可以是高超的管理才能、高瞻远瞩的认知能力。

五十元再好看，也不如一百元招人喜欢，实力就在那里！

那为什么下属们都喜欢有个人魅力的管理者呢？

因为有魅力的人 = 潜在或正面资源的拥有者。

而在这个社会上，人人都喜欢拥有资源的人，你的品行、修养、专业就是这个世界上非常有限并稀缺的一种资源。

（2）领导力第二层次修炼

这一层次的修炼是团队领导力，是指管理者与团队成员的互动关系，包括管理者如何接纳、认可团队成员，如何与团队成员建立信任关系等。当员工感受到管理者包容、在乎、信任他们的时候，他们就愿意与管理者同舟共济，互相帮助。

我们用"从"字来表示这一层次的修炼，有两人成行的意思，指两个人已建立信任关系。

荀子云："君者，善群也。"

信任，是一种最强大的领导力！因为人们喜欢那些欣赏和相信自己的人！

那工作中如何快速与员工建立起信任关系呢？有以下几种方法供参考：

方法 1：开放自我，建立彼此信任感

学过沟通课的人或许都知道"乔哈里窗模型"（图 2-4），是由乔瑟夫和哈里在 20 世纪 50 年代提出的，也叫"沟通视窗"。它按照"自己知道——自己不知道"和"他人知道——他人不知道"两个维度把人际沟通信息分为 4 个区域：公开区、隐藏区、盲点区、未知区。人与人的有效沟通就是这四个区域的有机融合。

|  | 自己知道 | 自己不知道 |
|---|---|---|
| 他人知道 | 公开区 | 盲点区 |
| 他人不知道 | 隐藏区 | 未知区 |

图 2-4　乔哈里窗模型

从乔哈里窗模型我们可以知道，当人与人共同的公开区越大，彼此沟通起来就更顺畅。因此，管理者初带团队时，逐步打开员工心扉的方式就是尽可能开放更多的隐藏区和盲点区。比如主动分享别人不知道的信息，采用公开透明的方式管理团队的事务，接受别人告诉你自己不知道的事情等。

当人与人相互了解得越多，就越容易产生信任感。

当然开放自我的同时，切记以下要点：知之为知之，不知为不知；不说大话，不空许诺；少说空话，多做实事。

方法 2：主动利他

稻盛和夫在《活法》一书中讲了一个寓言故事：

有人去天堂和地狱都看了一圈，发现天堂和地狱吃的东西都是面条，而且都是一群人围着一口非常大的锅。但在天堂，大家都围着大锅，用很长的筷子夹着面条送到对方嘴里；而在地狱里是自己给自己夹面条，筷子很长，怎么也吃不到嘴里，吃得很痛苦。

所以他总结说："利他，才是最好的利己。"

史蒂芬·柯维在《高效能人士的七个习惯》一书中使用到"情感账户"一词，是对人际关系中相互信任的一种比喻。他指出："你必须把每一次人际交往都看成是在他人情感账户内存款的一个机会。"

古人云："撼人心者，莫先乎情。"管理者主动关心下属、在任何可能的时候帮助下属，不断地向彼此之间的情感账户"存钱"是与团队成员建立信任关系的有效方法。

这种帮助不仅体现在工作上，也可以体现在生活上，大到员工的家人得了重病，你的主动问候甚至看望，小到员工因参加业余学习偶尔影响到工作进度时的支持，这些都可以大大拉近你和员工之间的距离（当然这种距离不能无限制拉近）。

一位管理者要获得员工的信任，完全依靠工作上的关系是行不通的。

十九世纪哲学家兼诗人爱默生曾说过："人生最美丽的补偿，就是在真诚地帮助别人时也帮助了自己。"这句话讲的其实就是先利他，再利己的互惠原则。

方法 3：积小胜为大胜

管理者除了开放自我、主动利他外，获得下属信任的最好方式就是带领他们赢得一个又一个胜利！管理者不能光靠未来的计划来打造自己的名声，管理者得让员工相信你就是那位最终能带领他们夺取胜利的人。

在足球场上有句话非常有名——如果教练不能带队克敌制胜，再会鼓动人心也无济于事。在管理学上也有同样的话："光靠鼓动难以长久打动人。"

打铁还需本事硬，成绩才是硬道理！

当管理者带领团队取得小成功、小胜利时，管理者要让团队成员看到，并在取得阶段性胜利时庆祝，因为一次成功往往能够激发更多的成功。当胜利成为团队的一种信念，管理者的信誉也就积累起来了。

（3）领导力第三层次修炼

这一层次的修炼是组织领导力，指的是管理者通过明确愿景及方向、沉淀共同价值观、激励人心、不断改变来凝聚人心，砥砺前行。

我们用"众"字来表示这一层次的修炼，有使众人行的意思。

在这个方面，共和国领袖毛泽东同志"星星之火，可以燎原"的故事可谓是经典的组织领导力案例。

1930 年红色革命根据地，红军及党内一些同志对时局有一种悲观的思想，在强敌进攻面前，怀疑革命根据地发展的前途，提出了"红旗到底能打多久"的疑问。为此毛泽东以书信形式发表了《星星之火，可以燎原》一文。

毛泽东以对国际国内局势的洞察以及对中国国情的准确了解，在信中科学地分析了国内政治形势和敌我力量对比，批判了夸大革命主观力量的盲动主义和看不到革命力量发展的悲观思想，提出了农村包围城市、武装夺取政权的思想与方针。毛泽东用中国的一句老话"星星之火，可以燎原"来形容当时的革命形势，指出革命的力量虽然小，但它的发展是很快的。

为激励人心，毛泽东在信末尾用诗人般豪情给全体红军将士和全国革命群众做了一个充满信心的描述："但我所说的中国革命高潮快要到来，决不是如有些人所谓'有到来之可能'那样完全没有行动意义的、可望而不可即的一种空的东西。它是站在海岸遥望海中已经看得见桅杆尖头了的一只航船，它是立于高山之巅远看东方已见光芒四射喷薄欲出的一轮朝日，它是躁动于母腹中的快要成熟了的一个婴儿。"

人、从、众，是领导力修炼三个阶段的形象比喻，因此对管理者来说，领导力的提升是一门有迹可循的"技术"。

当然，对于每一个个体而言，领导力是需要天赋的，它与语言、逻辑、方向感、游泳、做菜一样，有人天生具有此天赋。当然，这也并不是说它不可以学习，就如同有人缺乏语言天分，但经过勤学苦练后，也可以熟练运用第二语言一样，所以领导力也是可以通过练习就能掌握的技术。

## 4. 领导力修炼层次与中国传统文化的关系

个人领导力、团队领导力、组织领导力是一个递进的关系，它也吻合《礼记·大学》里指导古人成长的一个过程，它们的对应关系大约如下：

"人"的领导力修炼层面，对应"修身"，指如何提升自我素养。

"从"的领导力修炼层面，对应"齐家"，指如何建立与团队成员的关系。

"众"的领导力修炼层面，对应"治国"，指如何带领团队夺取胜利。

"平天下"大约就是运用领导力后的结果：取到结果而且赢得人心。

而且这种次序是不能颠倒的，先修身、再齐家、最后治国平天下，这一过程叫

"内圣外王"（出自《庄子·天下篇》），"内圣"是"外王"的前提和基础，"外王"是"内圣"的自然延伸和必然结果，其领导力修炼过程如图 2-5 所示。

| "字" | 对象 | 成长过程 |
|---|---|---|
| 平天下 = 得到结果而且赢得人心 | | |
| 众 | 组织 | 治国 |
| 从 | 团队 | 齐家 |
| 人 | 个人 | 修身 |
| "字" | 对象 | 成长过程 |

图 2-5　领导力修炼过程与传统文化关系

管理者的许多日常行为是内在思想、价值观、品德、修养和学识的体现，一个严于律己，博学多才，内心安宁的人，其领导力一般不会差到哪里去。

在现实工作中，评判一位管理者的领导力如何，往往不是在他在任期内，而是在他离任后下属的反应。

多年的职业生涯让我遇到过许多老板，有的会永远铭记并感恩在心，有的却也如过往烟云，不会在脑海里留下一丝记忆。

《伊索寓言》有这么一则小故事：

一只山羊站在一个农家的高屋顶上，刚好下面有只狼走过。山羊以自己处在高位，狼也拿它没办法，便对着狼骂道："你这头蠢狼、笨狼。"狼于是停下来对山羊说："伙计，骂我的并不是你，而是你现在所在的位置。"

谨送给那些飞扬跋扈、自以为是的管理者。

### 5. 领导力的修炼过程是艰难的

最后，说了这么多领导力，我还是忍不住想问各位管理者们一个问题：为什么今天市面上领导力的课程千千万，却不能让每一位参加培训的管理者都成为好的领导者？

其实，答案非常简单：当管理者修炼自身领导力时，需要自律、以身作则；需要钻研专业、广阔视野，提高自身格局；需要接纳、关心下属，建立信任关系；需要前瞻性指引方向（做正确的事）、并带领前行；还需要不断突破固有认知、创新改变等，而这些都需要管理者用心去做，思考是昂贵的，它需要消耗大量的能量。而人类进化刻在基因的底层逻辑却是能不消耗能量就不消耗能量。

某种意义上，领导者的修炼与学习一样是艰难的，都需要消耗大量的能量。除非你发自内心愿意用领导力去影响你的下属。

# 五、电影中的正反管理者

## 1. 两部电影：《卡特教练》与《穿普拉达的女王》

前面讲了许多团队里的管理者形象，其实在电影银幕里也有不少管理者的故事，下面就介绍两部经典电影，里边的主人公刚好是正反两极形象的管理者。

第一部是 2005 年勇创票房佳绩的体育励志片《卡特教练》。

《卡特教练》又名《铁血教练》，是根据加利福尼亚瑞奇蒙高中篮球队教练肯·卡特的真实故事改编的一部电影，讲述了一位高中篮球队教练带领校篮球队夺取胜利并帮助改变球员人生的传奇故事。

在电影中，里士满高中篮球队原本从未在任何比赛中夺过冠，是一支屡战屡败的队伍。队伍中人心涣散，球员之间互不服气，毫无团队精神，这时卡特教练接手执教这支队伍。

就在他接手球队的第一天，因接受不了队员需与教练签订协议的要求，三名主力得分手离开了球队，但卡特教练坚信这支队伍在他的带领下一定可以成为最优秀的篮球队。

在他的带领下，球队开始走上坡路。在这个过程中，他树立了球员们的自尊、激发出了队员的斗志、培养了队员们的团队精神，稳步提升了球队的胜率。

但就在他率领球队创下连续 13 场不败的比赛成绩，即将迎来他们梦寐以求的篮球冠军时，卡特教练却做出的一个惊人的决定：暂时关闭训练馆，所有队员到图书馆复习功课，直到他们文化课成绩达标方可恢复训练及比赛！

在这个过程中他遭到来自包括媒体、家长、社区、学校乃至整个城市的压力，但他并未屈服，他告诉他的球员们：赢得比赛固然重要，但保证这些孩子们的文化课成绩，让他们有机会去选择美好的人生更为重要！

最后虽然他们未能赢得洲际的锦标赛冠军，但球队中有 6 个人考上大学并获得奖学金，卡特教练不仅教会了他们打球，更改变了他们的人生。

第二部是 2006 年上映的职场励志片《穿普拉达的女王》。

影片是根据劳伦·魏丝伯格的同名小说改编，原著曾在《纽约时报》的畅销书排行榜首近 30 周。

电影讲述了一个刚从学校毕业，想当记者的女孩子安迪因机缘巧合进了一家顶级时装杂志社给总编当助手的故事。可是她很快发现这份工作对她而言简直是噩梦，因为总编米兰达对待所有人都是那么尖酸刻薄、不近人情。

这个时尚女魔头无论公事私事都交给助手打理，把安迪折磨得苦不堪言。

电影中，安迪从一个职场小白，到后来主动换上了时尚圈子里的衣服，并完美地完成任务，终于在时尚圈站住脚跟。但她发现自己得到了工作，却丢失了家人和朋友，而且时尚圈的工作并不符合自己的价值观，最后她毅然离开了杂志社并寻回自己失落的幸福。

### 2. 电影中管理者的正反行为对比

两部电影均能给人带来许多启发。按管理者的角色来谈，《卡特教练》里的主教练卡特和《穿普拉达的女王》的总编米兰达简直就是职场中正反两极管理者的典型，下面用五个关键词来分别谈他们作为管理者的差别。

第一个关键词：团队

卡特教练把一支懒散的高中球队带成屡战屡胜的球队，不是因为队员个人能力有多强，而是他把球队作为一个团队，只有球员拧成一股绳，才有夺取冠军的可能。

而总编米兰达在电影里表现出的是个人英雄主义，她权威、强势、专制、自私，整个公司的运作以及每一个人都是围着她转，当团队成员接受不了她的行事风格时只有不断地离开，团队也就随之分崩离析。

第二个关键词：尊重

卡特教练接手球队第一天即表示他会尊重每一位球员，也要求这些孩子们尊重自己，尊重对手，甚至要求他们打完比赛后要着西服与观众们见面。他认为，在团队里倡导互相尊重是有效协作的基础。

而总编米兰达虽然自身高贵时尚，举止优雅，而且能力超强，对待工作也是完美主义者。但她待人高高在上、盛气凌人、冷漠傲慢、严厉刻薄、责骂下属时毫不留情。在这样的氛围下工作，身边的人感受不到任何尊重，她的助理就如走马灯一样，不断更换。

第三个关键词：培养

优秀的员工离不开管理者的指导，在球队里教练是团队的灵魂和核心。卡特教练手把手地教这些球员们，而且会用有趣的教学方法，风趣地把各种技术技巧冠以不同性格的女性名字，让球员记忆深刻，同时训练场上气氛变得活泼，团队关系变得融洽，训练效果也得到很大的提升。

但在《穿普拉达的女王》电影里，几乎看不到总编米兰达对下属的辅导，她用的是自然淘汰法，所有人都是自生自灭，能适应的就留下来。短期来说，这是对管理者节约能量的一种有效方式，但对团队的长期发展来说，就是一种毁灭性的打击。

第四个关键词：未来

卡特虽然只是篮球教练，但他不仅关注比赛给球员带来的价值，更关注他们人生的发展。他的成功不仅仅来自于战绩，更来自于他教鞭下诞生了很多对社会有用的人，如果这些人按原来的人生轨迹，可能会走向不归路。

电影中，当球队取得胜利，但在卡特教练得知大部分球员违背了合约规定，没有完成全部课程的学习，成绩未达到标准之后，他毅然决然地关闭体育馆，让学生去图书馆学习，为此他受到了来自学校以及家长的巨大压力，但他依然坚持自己的理念。追求结果，同时对成长负责，这是卡特教练作为团队管理者的一种态度。

而女总编米兰达只关心个人的利益，在她的眼里，每一位团队成员都是她的棋子。电影的高潮片段发生这么一件事件，《天桥》杂志准备换掉米兰达，任芙蕾为新的主编，米兰达为保住自己的主编地位，或者说为保住自己的利益。她不择手段，将原本属于奈杰尔的位置送给了芙蕾，牺牲了自己多年的老部下。别说关心下属未来，米兰达通过牺牲部下来保全自己的行为，只会让人心寒。

第五个关键词：人

卡特教练与女总编米兰达都是团队管理者，而他们之间最大的差别可能就是心中有没有"人"这个概念了。

在卡特教练的眼里，球员们是一个个活生生的人，他们有需求，他们需要被尊重，他们有自己内心的感受。而在女总编米兰达的眼里，员工或下属只是供其使用的工具或机器罢了。

### 3. 形容词衡量"好的管理者"

回到工作中，那到底什么是好的管理者？这里有一个很简单的方法帮助大家去思考：

第一步：想一想你心中的榜样管理者是谁？

第二步：拿出一张 A4 纸折成三等分，在每一部分正中偏上的位置分别写领导、下属、自己。

第三步：进行角色转换思考问题，站在不同角度思考你认为"好的管理者"好在哪，请使用形容词描述。

做完后，再想一位心中的榜样管理者，从第一步开始重新思考。最后，你会惊奇地发现，原来许多榜样管理者的形容词都是类似的，如图 2-6 所示。

| 什么是好的管理者 | |
| --- | --- |
| 站在上司角度 | 恪守职业道德的、执行力强的、勇于创新的、专业的…… |
| 站在自己角度 | 自信的、有个人魅力的、充满激情的…… |
| 站在下属角度 | 公正公平的、言行一致的、敢于担当的、帮助下属成长的、值得信赖的…… |

图 2-6　什么是好的管理者

管理者们，想想你期望自己拥有什么样的形容词吧。

# 六、人力资源部门有什么用

## 1. 管理者是团队人力资源的第一负责人

在一个组织里，人、财、物、信息等资源的合理有效配置（图 2-7）是达成组织目标的必备条件。而在这几类资源里，人力资源作为一种特殊的资源，也是企业最有价值的资源之一。也有一种说法认为人是企业中唯一能创造可持续竞争优势的最重要资源。因此能否合理开发与运用好人力资源，激发每一位员工的潜力，是一个组织成败的关键。

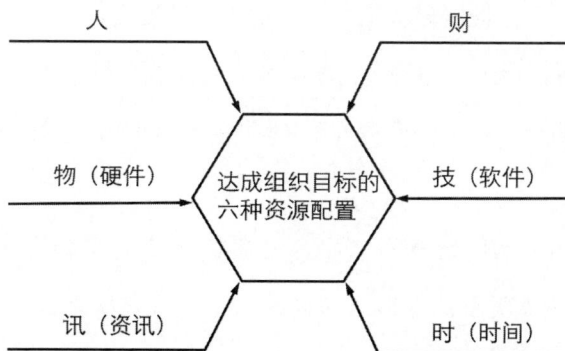

图 2-7　达成组织目标的六种资源配置

管理者所带的团队就是一个小的组织。管理者只有对所在团队的人力资源（员工）负责，充分运用好这个资源，方有可能完成任务（工作）。

由于要对团队的人力资源负责，那么管理者也理所当然是团队的第一人力资源管理经理，通过吸引人、选拔人、培育人、用好人、评价人、留住人等手段把团队的人力资源价值发挥到最大化，从而完成上级交代的任务。

也许会有经理站起来说："不对呀，公司不是有人力资源部门吗？难道人力资源管理不是他们的职责吗？"这是经理们常有的一个误区，而且据观察，有这种误区的经理还真不少。

那么公司的人力资源部门到底是干什么的？它有什么作用呢？

## 2. 公司人力资源部门的产生与角色定位

人力资源部门从来不是自公司诞生以来就有的！

我们知道当一家公司初创时，首先必须有产品，然后要有客户，接下来才会产生收益。随着生产规模的不断扩大，公司各类事情与活动也随之增多，但在公司初创期时，初创者几乎是一肩挑，往往连增加人手、招聘文员等之类的工作都是由初创者亲自负责的。

随着企业的不断发展，初创者需要处理的事情越来越多，当他的精力与能量无法应付这些事情时，他不得不开始把一些工作如财务、行政、人事、审计、法务、政府及公众事务等工作慢慢分离出来，让他人帮助处理。

企业不断发展，员工日益增多，薪资及福利发放、员工考核、人员晋升、辞退、离职等这类基础的与人相关的事务性附加功能慢慢增加，这时一个叫人事管理的部门就出现了。

**注意**：真正叫人力资源这个名字，是管理大师彼得·德鲁克于 1954 年《管理的实践》书中第一次提出。本书后面的内容中，人事管理的部门都用人力资源部门这个名字。

从本质来说，它不是一个公司业务链上的部门，而是一个服务与支持部门，是公司人力资源这一特殊资源的组织部门和协调部门。

但由于人们对它的定位不清以及存在一定的误解，自人力资源部门诞生后，它的争议不断，一些公司的人力资源部门走着走着就忘了最初设立这个部门的初心。把人力资源部门当成企业的权力部门 / 管理部门，而不是业务支持或服务部门，或者在工作中有意无意表现出这样的姿态。甚至在一些企业里，由于认知与定位的错位，人力资源部作为权力部门在企业中出现并存在：它们对员工有"生杀予夺"大权，把控企业的人力资源命脉，常常引起"民愤"与"哗然"，或者总是跃跃欲试，总想越俎代庖，管理公司每一位员工。

彼得·德鲁克曾说过："人力资源部门经常担心无法证明他们对公司的确有贡献，因此拼命想出各种'花招'，给老板留下深刻印象……由于无法证明自己的价值，人力资源部门常常以一种'哗众取宠'的方式去做。"

几乎每隔十几年的时间，管理界就会有撰文人力资源部不同的声音，从 1996 年的"炸掉你的人力资源部"到 2005 年引起广泛关注的"我们为何憎恨 HR"，再到 2014 年当代颇具影响力的管理咨询大师拉姆·查兰在《哈佛商业评论》撰文《分拆人力资源部》。之所以会有这么多不同的声音，是因为一些公司的人力资源部门并未体现出应有的价值，甚至偏离了当初设立的初心。

正如卡里·纪伯伦所说："我们已经走得太远 , 以至于忘记了为什么而出发。"

那么公司人力资源部门的角色是什么？还是要溯本清源，回归到人力资源部门设立的最初目的：成为公司实现业务目标的强有力支持部门和合作伙伴。

事实上，公司人力资源部门目标只有一个：帮助各级管理者打造一支能够承载公司战略的团队。

如果从这个目标出发，那么人力资源部门的客户就是公司各级管理者，而且公司高层管理人员明显是人力资源部门最重要的客户。

当明白了谁是你的客户后，接下来需要思考的就是客户需要什么。

围绕着客户的需求，那么人力资源部门操作层面价值就可分为三个方面：

（1）提供人力资源服务性的支持工作，比如劳动合同、入离职手续、各类社保、公司相关制度等专业性支持工作，并建立及完善公司的人力资源管理制度与流程为各级管理者所用。

（2）帮助各级管理者打造稳定的团队，提升团队士气，调动员工主观能动性，发挥团队的最大潜力，以支持业务目标的实现。

（3）以人力资源管理专业视角出发，提供可以帮助提升业务效率及增值的建议。比如更贴近市场需求的组织再造、敏捷组织设计、性价比更高的人力资源效能等。成为管理人员的顾问和参谋，加速实现公司的战略目标。

当人力资源部门能实现以上三个目标时，人力资源部门就有了真正存在的意义与价值。从另一个视角来看，如果公司的人力资源部门真能定位好自己并发挥出价值，谁会愿意把自己良好的支持者及合作者砍掉呢？

### 3. 人力资源部门应是管理者在员工管理上的好帮手

各位管理者们，你们才是所在团队的"人力资源管理经理"。因为公司及上级要你交出成果，就得赋予你其责任内运用各种资源的权力，包括你团队的人力资源。这是一个基本的常识。

人力资源管理和人力资源部是有区别的。

人力资源管理是每一位团队管理者的职责，CEO 或总经理其实是公司"第一人力资源管理者"，是公司最大的人力资源部总监（当然作为公司的掌舵人及操盘手，他们更多关注的是公司中高层以上的职位）。人力资源部门最重要的职责是提供专业服务，帮助管理者做好团队人力资源管理，激活员工为组织创造价值。

称职的、有影响力的公司人力资源总监还可以做好"向上管理"，影响公司的 CEO 及其他经营决策层，帮助其树立人力资源的战略理念，从而推动公司人力资源管理政策在各功能组织的实施。

当然，从风险角度来说，团队管理者与人力资源部门要各司其职，方能最大程度发挥出公司里"人"这一资源的作用，两者缺一不可。任何一家公司都不会把公司最宝贵的资源（人力资源）只寄托给一方。

公司里的人力资源管理是如此的重要，以至于盖洛普公司[①]对企业成功要素的相互关系进行了深入研究，并据此建立了一个模型，来描述员工与公司最终实际利润增长（包括公司整体增值）之间的关系，这就是有名的管理学的"盖洛普路径"，如图 2-8 所示。

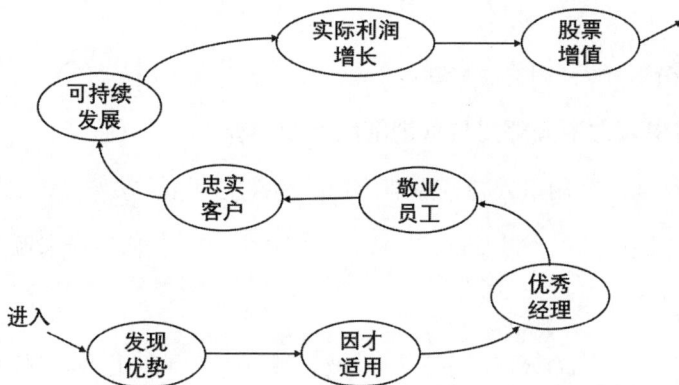

图 2-8 盖洛普路径

"盖洛普路径"认为：在其他条件给定的前提下，优秀管理者帮助员工发现优势，因才适用，继而达到敬业，而敬业员工帮助培养和保留忠实顾客，进而推动企业增长利润和股票增值。

请管理者们记住，公司的人力资源部门是帮你工作上管理员工的好帮手，会在团队管理方面助你一臂之力。

有些公司的人力资源部门为了更好地帮助和支持团队管理者，还会把 HR 的同事派到业务部门里，比如阿里人力资源管理的政委体系。阿里巴巴的政委主要是指阿里巴巴的 HRBP[②]，他们是阿里巴巴派到各业务线上的人力资源管理者和价值观管理者，负责与业务经理一起做好所在团队的组织管理、员工发展、人才培养等方面的工作。

到现在，大家应该知道公司那个叫人力资源部门的职责与价值：是公司团队管

[①] 盖洛普公司：由著名的社会科学家乔治·盖洛普博士于 1935 年创立，是全球知名的民意测验和商业调查及咨询公司。

[②] HRBP 指人力资源业务合作伙伴。BP 是 Business Partner 的缩写，是业务伙伴的意思。

理者的最佳合作伙伴。

当你在阅读本书时，如有不清楚的地方，你也可以询问所在公司的人力资源部门的同事，相信他们会很乐意帮助回答的。当然前提是这些人力资源部门的从业者自己要够专业。遗憾的是据作者观察，不少人力资源部门从业者的专业水平仅仅只是自以为合格而已。

HR 从业者、同行们要当自强。

### 4. 公司里人力资源部门与营销部门哪个重要？

曾有同行问：公司里人力资源部门与营销部门哪个重要？

我是这么回答的："假设到了年底，公司举办一场类似奥斯卡颁奖晚会的活动，你觉得奖项都会花落谁家？"

一般来说，影片的最佳导演奖应是被总经理 /CEO 拿走了，营销部门理所当然夺走了最佳主角奖，而人力资源部门的目标是夺走最佳配角奖。

不要觉得最佳配角很委屈，一部电影除了演员们精湛的演技，还需要主角和配角互相配合，这部电影方能成为最佳影片，缺一不可，甚至在一些影片中配角的风头还会盖过主角呢！

人力资源部门只有不忘初心，帮助打造能承载公司战略的团队，实现业务增值，方可实现真正的自我价值！

第三章

锦囊3：首先选对人

# 一、这些故事告诉你为什么选对人重要

### 1. "不胫而走"——人才是流动的

从事企业人力资源管理工作多年,不经意间养成了"职业病",阅读任何东西都容易与人力资源工作相联系。

在《典故中的人生智慧》读到的几则成语故事就形象地描绘出企业人才流动与招聘的故事。

第一个成语叫作"不胫而走"。用于形容事物用不着推行就能到处流传。

其故事的原意是这样的:春秋期间,诸侯国之间人才流动频繁,正可谓"良禽择木而栖,贤臣择主而事",各国也意识到人才的重要性。于是各诸侯国纷纷招贤纳士,广揽人才。有一天,晋国的大夫赵简子在自家后花园坐船游玩时,自语自言地慨叹道"人才为什么都不来晋国呢?"这时替他划船的船夫就接话说"主人啊,我听说珠玉没有长脚,它却能到喜欢它们的人手中,是因为这些人对它的喜好!现在人才有脚,却不来我们晋国,是不是说明我们晋国自己有问题呀?"。

"不胫而走"这一成语由此得来。

回到现实工作中,在企业里,当老板们和管理者们常常发出人才难求的叹息时,是不是可以反思如何把企业的软硬件环境建设得更好,让"有胫"的人才自动找上门来呢?

什么样的环境就会吸引什么样的人,这是人际交往中的吸引力法则,也同样适用于企业吸引人才方面。

### 2. "先择后种"——培养人之前先选对人

第二个词叫作"先择后种",出自《韩诗外传》,是汉代韩婴所作的一部传记。该作品由 360 条轶事、道德说教、伦理规范以及实践忠告等不同内容杂编而成。

话说有一天魏国的大夫子质得罪了魏文侯，逃到了赵国，他对赵简子说，他为魏国推荐了许多人才，可这些人一旦得势就加害于他，他决定不再培养人才了！

这时赵简子就对他说："我听说，如果春天种桃李，夏日可乘凉，秋日可品果，可如果春天种的是蒺藜，那么夏天就不能采叶子，秋天就只能收获一树的刺。这不是培养人才的错，关键是你选错了要培养的人！"

由此就有了"先择后种"一词，说的是培养人之前要选对人！

### 3. "玉尺量才"——像尺子一样衡量人才

第三个成语叫作"玉尺量才"，出自一首诗："佳人持玉尺，度君多少才；玉尺不可尽，君才无时休。"这里的"玉尺"指玉制的尺子，旧时比喻选拔人才和评价诗文的标准。玉尺量才，也就是指用恰当的标准来衡量人才和诗文。（关于如何像玉尺一样衡量，在本章第四节会重点谈到）

不胫而走、先择后种、玉尺量才这都是古人如何吸引人才、如何选择人才的智慧。现代企业的人才管理又何尝不是这样，吸引人才的关注，精准选拔到合适的人，然后再好好培养人才。但如果一开始就没能把好招聘这个关，那么后面一切工作可能都是白费！

"世界上所有精明的战略和先进的技术都将毫无用处，除非你找到合适的人来实践它。"前通用电气前 CEO 杰克·韦尔奇在其回忆录《赢》一书写到。

管理大师吉姆·柯林斯也曾经说："让谁上车，是企业管理的重中之重。"

一个管理者可能犯得最严重的错误之一就是找错员工，当管理者招聘错员工时，不仅贻误时间，丧失生意机会，同时也会增加企业不必要的成本，据数据评估：一个错误招聘决策的平均成本，等于该员工年薪的 30%。

选对人，事半功倍；选错人，后患无穷。

企业界有句老生常谈的话："人才是企业最重要的资产。"其实，这句话说得不那么精准，应该说："适合的人才，才是企业最重要的资产。"

# 二、招聘前的准备工作

### 1. 从公司角度思考为什么要招聘这个岗位

当团队有岗位空缺需要招聘人手时，按公司人力资源管理流程你需要提交用工需求申请表，得到批准后，方能开展招聘工作。

当然各公司的用工需求申请表格略有不同，但基本都会涵盖岗位名称、申请数量、申请理由、用工性质、新增或者替补等，最重要的信息可能就是"此空缺是预算内或预算外"。对于一般规模的公司而言，如无特殊情况（比如金融危机、新冠疫情、公司生意锐降等），预算内空缺的审批一般都没什么问题。

但如果是预算外的人员增加，可能就需要事先充分沟通，以确保各方同意，在这个过程你可能会被要求回答以下的一些问题：

为什么需要新增这个岗位？

这个岗位的工作可以由其他同事分担吗？

如果不招聘，现有工作流程有没有提升改善空间？

我们必须新增这个岗位吗？外包会不会是一个更好的选择？

我们可不可以不雇用 10 个新员工，而是高薪聘请 5 名经验丰富，效率更高的员工？

好了，现在空缺岗位终于经过所属的功能部门、人力资源部门、CEO/ 总经理们层层审批。

作为一名管理者，你必须要对团队空缺岗位的招募工作负起相应的责任（除非你的老板决定由他自己亲自定夺。不过，一般情况下这种情况发生的概率不高）。原因也非常简单：管理中倡导责权利对等，你要实现团队目标，创造业绩，完成上级交给的任务，当然需要你自己来配置合适的人员。

### 2. 招聘开始前的三项准备工作

在招聘之前，还有以下三个问题需要思考清楚。

第一个问题：空缺岗位在公司及部门组织结构中的位置

对现代企业来说，有效的分工与协作是在一定的组织结构的基础上进行的。组织结构就是我们划分、组合和协调人员活动和任务的一种正式框架。按管理类教科书上说，典型的组织结构形式有：直线制、职能制、事业部制、矩阵制等。当然，现实中企业都会以其中的某种结构形式为基础，结合实际环境和本企业战略的要求进行改造，从而形成最有利、最合适实现本组织目标的组织结构。

当有新增或者替补岗位时，你要很清楚地知道这个岗位在本组织结构内的位置，向谁汇报，左右平级同事都有谁（图 3-1）。因为组织结构的位置是了解这个岗位的最基本信息，也是后续管理活动的基础。

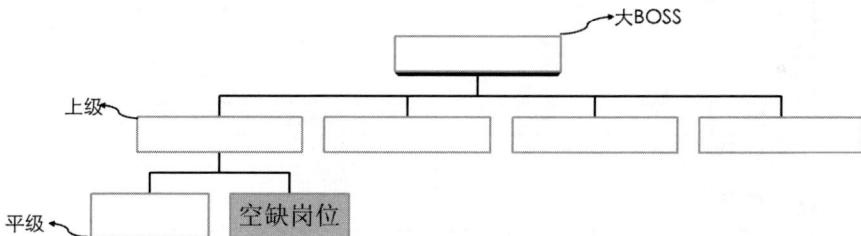

图 3-1　空缺岗位在组织结构中的位置

第二个问题：知道空缺岗位的岗位说明书

顾名思义，岗位说明书就是对企业岗位的任职条件、岗位目的、指挥关系、沟通关系、职责范围、负责程度和考核评价内容给予的定义性说明。

对于替补岗位，很可能已经存在现有的岗位说明书，你所需要做的是看看岗位说明书是否因为职责变化而需要更新。

对于新增岗位，管理者们需要谨慎些，一般新增的岗位没有岗位说明书，这时你需要主动与人力资源部的同事联系，按照公司固有的岗位说明书的模板完成新增岗位的岗位说明书。

为使招聘工作和人力资源部门愉快地合作下去，特别是对人力资源部一些同事们，她们不一定了解你要招聘岗位的主要职责、工作要求与任职资格。那么这时一份清晰的岗位说明书（图 3-2）将是你们合作的基石，它会让双方的认知趋于一致，有助于在发布信息、筛选简历、选拔过程中更快达成共识。

| 基本情况 | 岗位名称 | | 岗位编号 | | | |
|---|---|---|---|---|---|---|
| | 所属部门 | | 直接上级 | | | |
| | 直接下级 | | 岗位编制 | | 下属人数 | |
| 岗位工作目标 | | | | | | |
| 主要工作职责和内容 | | | | | | |
| 工作权限 | | | | | | |
| 工作关系 | 内部工作关系 | | | | | |
| | 外部工作关系 | | | | | |
| 任职资格 | 教育程度 | | 资格证书 | | | |
| | 工作经验 | | | | | |
| | 能力要求 | | | | | |
| 工作特征 | 使用设备 | | | | | |
| | 工作环境 | | | | | |
| | 工作时间 | | | | | |
| | 身体条件 | | | | | |
| 修订 | 版本号 | 修订时间 | 修订内容 | 修订者 | 审核者 | 审批者 |
| | | | | | | |

图 3-2　岗位说明书示例

第三问题：知道空缺岗位的公司岗位职级

一家公司会有许多岗位，同一岗位也可能会有许多人，比如"销售业务代表"这一岗位在某些公司可能会有几百上千个人。当然，我们接下来谈的都是指"岗位"，我们暂时不讨论岗位上的"人"。

摆在一级管理者面前的第一大难题就是"面对如此多的岗位，我怎么知道哪个岗位对公司更有价值，哪个岗位次之？"当然更有价值的岗位肯定要支付更多的薪水。要不然，每个岗位都说自己很重要，一级管理者就会如同下面例子里的村主任一样，不知所措。

"村中有一小二，平日游手好闲，无所事事，村民们也不愿意搭理他。

有一天，村里决定建一个新的祠堂，村主任进行工程组织。村主任决定给小二找点活干，也希望他改掉游手好闲的毛病。想来想去，村主任决定让小二晚上帮助看守施工现场，免得材料丢失。祠堂建得非常快，村主任按照大家的表现将钱分配下去，小二因为工作最轻松，自然分得少。

竣工典礼上，小二站起来说："村主任，你这样分配是非常不合理的！要是没有我，材料丢失了，工程根本没法按时完工，所以我的功劳最大！我的薪水应该最高！"

村主任陷入沉思，如何驳斥这家伙的歪理呢？

你看，村主任碰到难题了：

看管材料的小二认为自己岗位的工作最重要。如果按他的逻辑，煮饭的张大娘也觉得自己的工作最重要："如果不是饭煮得好，大家哪有力气干活，所以她的功劳最大。"

给村主任开车的小李师傅也嘟嘟喃喃地说，"要没有我载着村主任跑批文，买材料，这祠堂根本修不起来！所以我的功劳最大。"

砌砖的王师傅听到这些话，气地把砖头一扔，嚷嚷道："要是没有我一砖一砖地砌，这个祠堂能盖起来吗？没有我，你们都吃什么？"

所以，公司运营就如同盖祠堂，对于一级管理者而言，他必须要知道公司里的每一个岗位对于公司的"贡献度"是多少，而且"贡献度"最好能用数字的形式表达出来而不仅仅只是文字描述。

评估每一岗位的"贡献度"这一过程在人力资源管理中的术语就叫作"岗位价值评估"。目前，岗位价值评估的方法有很多，比较常见的评分法有海氏（Hay Group）评价系统和美世（Mercer）国际职位评估体系。

这些评估方法，可以帮助企业把每一个岗位的"贡献度"用数字的形式体现出来，如图 3-3 所示。

| | 岗位（举例） | 岗位价值评估分值 | 职级 |
|---|---|---|---|
| 1 | 总经理 | 672 | 64 |
| 2 | 副总经理 | 604 | 62 |
| 3 | 营销总监 | 593 | 61 |
| 4 | 生产总监 | 579 | 61 |
| 5 | 人力资源经理 | 507 | 58 |
| 6 | 物流经理 | 467 | 56 |
| 7 | 采购经理 | 463 | 56 |
| 8 | 销售经理 | 463 | 56 |
| 9 | 资讯应用支持主任 | 340 | 51 |
| 10 | 人事主任 | 330 | 51 |
| 12 | 工厂维护主任 | 237.5 | 47 |
| 13 | 行政主任 | 236.5 | 47 |
| 14 | 仓库化学品管理员 | 198.5 | 45 |
| 15 | 薪酬及福利文员 | 195 | 45 |

图 3-3　公司岗位价值评估示例

对应的，相似分值的岗位就可以划分成同一职级。

岗位价值评估的意义在于确定在一个公司的组织体系中各职位对公司的相对价值，它将为建立职位薪酬体系提供一个基本的依据。

理论上来说，岗位的价值评估分值高（或者说职级高），这个岗位对应的薪酬在企业内的排序就相对高些；相反，哪个岗位的价值评估分值低（或者说职级低），那这个岗位的薪酬在企业内的排序就相对低些。

可能有人会问："如果按照岗位价值评估，那公司里清洁工的分值肯定不高，但清洁工人干的活不重要吗？"当然重要，但是重要性和稀缺性是两回事。公司里清洁工的工作很重要，但并不稀缺。重要不一定贵，打个极端的比喻，空气重要吗？重要。贵吗？不要钱。

当然，某个岗位上的具体薪酬数据还有许多的其他影响因素，比如市场稀缺情况、每个人的能力，每个人做出的绩效等，这些知识我们会在后面的章节给大家讲解。在这里，大家只要了解到岗位价值评估会决定某个岗位在公司薪酬排序的高低即可。

当有一个新增岗位时，作为一名管理者，最好了解这个岗位在公司岗位职级序列里的职级，因为它会决定这个岗位的薪酬范围。那这些职级以及岗位价值评估是如何做的呢？相信公司里专业的人力资源部门同事可以回答你这个问题。

# 三、入场券：筛选简历的门槛

### 1. 入场券 ≠ 岗位胜任标准

当人力资源部门准备发布招聘信息并收集、筛选简历前，一般会与部门经理沟通相关的招聘事宜，他们常会问这么一个问题："某某经理，你对这个岗位有什么要求？"

这时，我们的经理就会滔滔不绝地说："我要男士，年龄不超过 35 岁，至少大学本科学历，要持 ×× 中级证书以上，身体要好。"

这时人力资源部门的同事会问："除了这些，还有其他的要求吗？"

"对了，要有三年以上的工作经历。"经理回答道。

许多经理会认为上面的要求就是岗位的胜任标准了，接下来按图索骥就可以了。其实不然，人力资源部同事此时问的是：简历入围评估环节的门槛。我们可以把它理解为入场券，比如说，我很喜欢张学友的歌，想去现场听他的演唱会，那么首先我应有一张入场券，方能进入演唱会现场。

当然，以上的对话是虚构的。事实上，入场券的要求可以从空缺岗位的岗位说明书查询到，前提是你有清晰明了的岗位说明书。

### 2. 入场券的内容与作用

入场券可以包括如性别、年龄、学历、职称、工作年限等等。它有一个非常明显的特点，就是它的答案只有"Yes"或者"No"两种。比如说，大学本科学历，意味着大专、中专等学历的人在筛选简历时将会被淘汰。比如说，年龄不超过 35 岁，意味着 36 岁及以上的人在筛选简历时将不会入围到后面的评估环节。再比如说，性别男，意味着性别为女的将不会入围到后面的评估环节。（注：现在许多企业都倡导多元与包容，并不认为年龄、性别是入场的标准）

那入场券在招聘过程中有什么好处呢？为什么需要设入场券这样的环节？

答案非常简单：入场券是提高我们招聘效率的一种有效方法，避免不合适的人选进到选拔阶段，从而提升选拔效率。

同时入场券的要求也是动态的，它会随着市场供需的改变而变化。

比如当外围市场人才供应相对充裕时（注意：市场供应是否充裕还取决于企业提供的薪酬水平，故不同企业的充裕定义并不一样），适度地提高入场券要求可以控制入围人选数量。

而当市场人才供应相对不足时，这时适度调低入场券标准能确保有足够多的人入围评估选拔环节，让后续的招聘工作得以顺利进行。

入场券就如同招聘过程的调节阀，随时调节以决定谁可以进入到下一节的评估选拔过程。

# 四、玉尺量才：岗位胜任标准三维模型及其运用

## 1. 选人的实质：寻找匹配度最高的人

如果想知道一个人的身高，我们需要先找到一把尺子，然后用尺子量一下，就清清楚楚。

在人才选拔过程中，最好也能先找到一把"尺子"，尺子上有清晰的刻度。就如唐代大诗人李白所说："仙人持玉尺，废君多少才。"

要不然，不同人因不同立场、角度，其评判标准可能是完全不同的。小时候读金庸先生的武侠系列，其中《射雕英雄传》结尾有段关于成吉思汗与主人公郭靖的对话至今让我印象深刻。

成吉思汗勒马四顾，忽道："靖儿，我所建大国，历代莫可与比。自国土中心达于诸方极边之地，东南西北皆有一年行程。你说古今英雄，有谁及得上我？"郭靖沉吟片刻，说道："大汗武功之盛，古来无人能及。只是大汗一人威风赫赫，天下却不知积了多少白骨，流了多少孤儿寡妇之泪。自来英雄而为当世钦仰、后人追慕，必是为民造福、爱护百姓之人。以我之见，杀的人多却未必算是英雄。"

你看，两人对英雄的标准认知不同，自然对"谁是英雄"的判断就不一样。

因此，在实际工作中，明确空缺岗位的岗位胜任标准，即空缺岗位的尺子与刻度就变得很重要了。

当有了这把尺子后，接下来要做的就是让应聘者参加各种选拔活动（选拔的方式多种多样，有面试、笔试、现场演练、心理测试、各种情景练习等，具体的选拔方法会在下一节中讲到）。管理者们通过参与选拔就可评估出每一位候选人与岗位的匹配度，从而选择最优者。

如图 3-4 所示，左边的圆代表入围的应聘者身上各种各样的才能，比如，歌唱得好、舞跳得棒、编程技术高等，要知道每一位应聘者身上的才能都可能是不一样的。右边的圆代表空缺岗位的岗位胜任标准，每一个岗位的胜任标准也是不一样的。

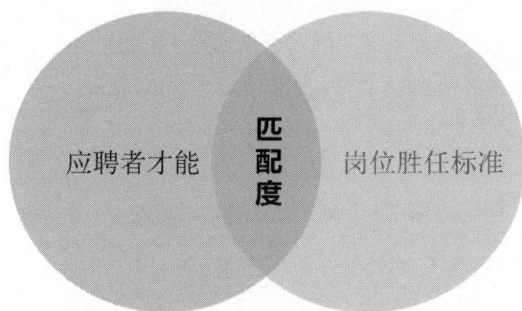

图 3-4　应聘者与岗位的匹配模型

那么，选拔的过程就是了解每一位应聘者身上的才能与岗位胜任标准的匹配程度，即两个圆的重叠部分。从理论上来说，哪位应聘者的重叠部分最大，意味着与这个岗位的匹配度就越高，那么他就是最合适的候选人。

（注意：不是每个岗位都需要爱因斯坦，但每个岗位都需要最适合的员工。）

事实上，这一过程对每一位应聘者都很重要，找到与自己匹配的岗位，方能发挥自己的优势与长处。职场上有很多人碌碌无为，其中不乏那些不求上进的人，但大多数却是因为没有找到适合自己的岗位。

有些管理者可能会认为，最完美的候选人应该是两个圆完全重叠的。但事实上，社会上几乎不存在这种人，那太理想了。

真实现状是：找到匹配度最高的，入职以后再培养他、发展他。

**2. 匹配的三个关键维度：会不会、想不想、合不合**

好了，现在有符合入场券要求的入围应聘者，此时人力资源部就会安排选拔环节，这时候的尺子与刻度（即岗位胜任标准）就要正式登场使用了。

那什么是岗位的胜任标准呢？为方便理解，我们使用图 3-5 所示的简单模型来阐述，把岗位胜任标准分"会不会""想不想""合不合"三个维度来讨论。

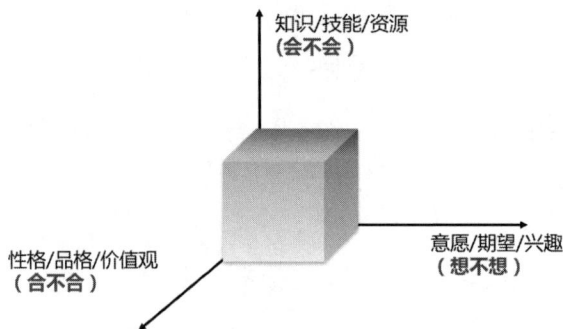

图 3-5　岗位胜任标准三维模型

（1）"会不会"维度

一位员工要胜任这个岗位，最基本的是他必须具备这个岗位相应的知识、对应的技能或者资源。

比如说，Java 软件工程师，他要有 Java 语言知识，熟悉开发框架工具，具备代码书写、注释和单元测试的技能。又比如一名饮料销售业务代表，他要有快速消费品相关的知识，具备良好沟通表达、销售产品及市场开拓的能力。

应聘者如果不具备这些基础的知识技能，别说做出绩效，就是要想融入这份工作都是一件挺难的事情。

当管理者在谈到"会不会"维度的岗位胜任标准时，习惯用另外一个词来替代，那就是"经验"，而不喜欢具体到知识与技能，他们经常说"最好有相匹配的工作经验"，其实这句话的真实含义是：由于应聘者有相关工作经验，那么他理论上应该具备这个岗位应有的知识与技能。

为什么管理者们会这么思考？因为人类进化的底层逻辑的作用又体现出来了，把工作经验细分为相应的知识与技能是一件消耗能量的事情。同时，"凡事应该如此"的思维也起了作用，有工作经验就应该具备相应的知识与技能！

在这个维度上，我们除了关注知识与技能外，还会关注应聘者具备的资源。一般来说，应聘者具备的资源可以分两部分：自带的资源与外带的资源。

从广义来说，知识与技能是应聘者自带资源的一部分，但不是全部。应聘者的容貌、气质等也是自带资源的一部分。一般来说，长得帅，长得漂亮的人获得工作机会的概率比较高，这是自带资源的作用，在知识与技能大体相同的前提下，管理者们会倾向选择更顺眼的人。

在某些行业，应聘者身外的资源也很重要，比如说银行、证券、保险行业的某些岗位，你能不能拉来存款或投资会是决定是否被聘用的重要参考因素。这些都是外带资源的价值体现。

对知识、技能、资源的这个维度，我们可以用"会不会"来表述。

（2）"想不想"维度

即应聘者对这个岗位的意愿、兴趣与期望程度如何。

如果一名应聘者只是"会"，但意愿度不高，或者就没有兴趣，只为了"活下去"（赚到一份薪水），根据第一章所谈到的人类进化过程中的底层逻辑，此类员工的工作质量可想而知，通常需要不断地叮咛、不断地跟踪，不断地帮助更正，方能达到工作上的要求。

而且更重要的是，对于这类员工，一旦他略微获得了经济的独立，离开公司的可能性就很大，因为这个工作并不是他想要的。

因此从这个维度上考虑，至少可以说明应聘者对这个岗位的某一项具体工作有点意愿，有点兴趣，而不仅仅是为了薪水。

就如当管理者问应聘者："你为什么想来应聘这个岗位？"

应聘者的回答是："早上起来闲着没事干，看你们公司在招聘，就来了。"

即使这位老兄具备岗位相应的知识与技能，你也不敢录用此人，因为他可以随意来，也可能随意地离开。

当然我们必须承认，社会上还是有些只为薪水工作提供的工作岗位，比如一些基础操作劳动的保洁、卫生、搬运等等岗位，这并不是歧视这些工种，毕竟社会上对这些岗位有意愿兴趣需求的人相对较少。

同时，在这个维度还需考虑的另一个点：这份工作开出的薪酬符不符合应聘者的期望。

比如，管理者有时在招聘过程中对其中一位应聘者大为赞赏，很快就决定录用，可后面一谈到薪水却只好摇头，原来应聘者的薪水期望远远超出公司能提供的数值，只好放弃。因为公司对每一个岗位的薪酬都会有相应的范围与阶梯，一般不会轻易打破这个平衡，除非这位应聘者对公司来说太重要了，公司宁愿冒着打破平衡的风险也要聘用这位应聘者。

现在越来越多的"95 后""00 后"正成为职场的主力，对他们而言，工作不仅仅是谋生手段，更多是通过工作获得一份价值感，一份契合个人价值观、满足个体成长需求的体验感。

因此，这份工作符不符合他们的意愿，他们感不感兴趣，能否满足他们的期望都会是"95 后""00 后"衡量一份工作的价值标准。

从另一角度来说，如果公司所提供的岗位与应聘者的意愿、兴趣、期望相匹配，这会为双方的长期合作打下坚实的基础，并且入职后经过一段时间工作上的磨合，在未来与公司成为命运共同体也不是不可能。

（3）"合不合"维度

即应聘者的性格、品德、价值观与岗位以及公司的匹配程度。

先说性格，每一个岗位对于岗位上的人都会有相应的性格要求，比如说，一位前台，性格最好开朗、大方些，尽量不要找一位整天冷若冰霜，好似每位走路经过的人都欠她五百万似的。

再比如，一位销售人员最好性格外向、善于与他人沟通。不是说木讷的人就做不好销售，只是需要给他们更多的时间，更多的练习，更多的试错机会，但有时公司等不起，因为公司不是慈善家，公司追求的是效率、结果，要不然就会被市场淘汰，所以还是要找到匹配的人。

品德就更不用说了，它指一个人的道德品质。品德有问题，哪怕他知识技能再高，你可能也不能用他，后患无穷。这也是为什么公司的一些关键岗位在确定录用候选人之前，都会做一些背景调查的原因。

最后说价值观，它决定着一个人想问题的方法、思想、语言模式以及行为模式。而每一家公司也有自己的价值观，公司的价值观主要体现在日常处理人与事的行为方式及遵循的准则。

个人的价值观与公司的价值观相匹配是一件极其重要的事情，就如同现在的95 后男女生的婚恋观念里，"三观一致"成为首要标准①。

什么是"三观"，即人生观、世界观、价值观。

你喜欢看书，他喜欢玩游戏，这不算三观不一致；但是他说看书有什么用，不就是装文艺吗？这才叫三观不一致。你喜欢去西餐厅吃牛排，他喜欢在大排档撸串，这不叫三观不一致；但是他说那牛排死贵，还不好吃，说你做作，这才是三观不一致。三观不一致时，对方做任何事情，在你的眼里都看不上。

① 山东卫视.一份《中国 95 后数据报告》了解一下：三观一致 [EB/OL].（2018-03-18）[2020-10-25]. https://mp.weixin.qq.com/s?src=11&timestamp=1616488084&ver=2969&signature=0CIb9jKusw8CGMOlUL01ixpWSKOTob5*LrDs1I23T2cofb0K3*U2zOcWlJ*0fmYqLVqLTcOVjaF8AGuaCFv6-3c51uDPqSYd4-bfyGNuQt30McG5w4Xw2Rp03RASTALU&new=1

因此，当你团队要招聘一名员工时，最好也要了解其价值倾向，最好与公司的价值观趋于一致，这样才能为双方长久合作打下坚实的基础。

所以我们把性格、品德、价值观的匹配统称为"合不合"。有的公司也会把"合不合"简称为"德"，而把"会不会"以及"想不想"称为"才"，都匹配的人统称为"德才兼备"。

有的公司信奉"狂人不用"的政策，他们认为："不管这种人能帮公司挣多少钱，或者有多聪明，如果把整个团队搅得一团糟，那就不值得。"

可能还有的管理者会说："有的应聘者真的'很会'，虽然性格怪异、品行不端或价值观认同有差异，可我还是想用他的'会'，就要录用他，如何？"

当然没问题了，我们常说"管理倡导责权利对等"，那请和公司一起承担随之带来的风险吧。

### 3. 岗位胜任标准三维模型与冰山模型的关系

细心的管理者可能会发现，其实三维模型就是我们常说的冰山模型的另一种工具化的运用与解释。

冰山模型是著名心理学家麦克利兰于 1973 年提出了一个著名的模型，如图 3-6 所示。此模型将人员个体素质的不同表现形式划分为表面的"冰山以上部分"和深藏的"冰山以下部分"。

图 3-6  麦克利兰的冰山模型

其中，"冰山以上部分"包括技能、知识，是外在表现，是容易了解与测量的部分，较容易通过培训来改变和发展，这也是上面所说的"会不会"。而"冰山以下部分"包括社会角色、自我概念、特质和动机，是个体内在的、难以测量的部分。它们不太容易通过外界的影响而得到改变，但却对人员的行为与表现起着关键性的作用，也就是我们所谈的"想不想""合不合"维度。

相比"冰山模型"，岗位胜任标准的"三维模型"更易理解，方便在实际工作中运用，结合之前讲的"入场券"，就是每一个岗位的基本门槛以及胜任标准。

事实上，许多企业在日常工作中都是这么操作的，比如饮料行业销售业务代表的"入场券"及"三维模型"，如图 3-7 所示。

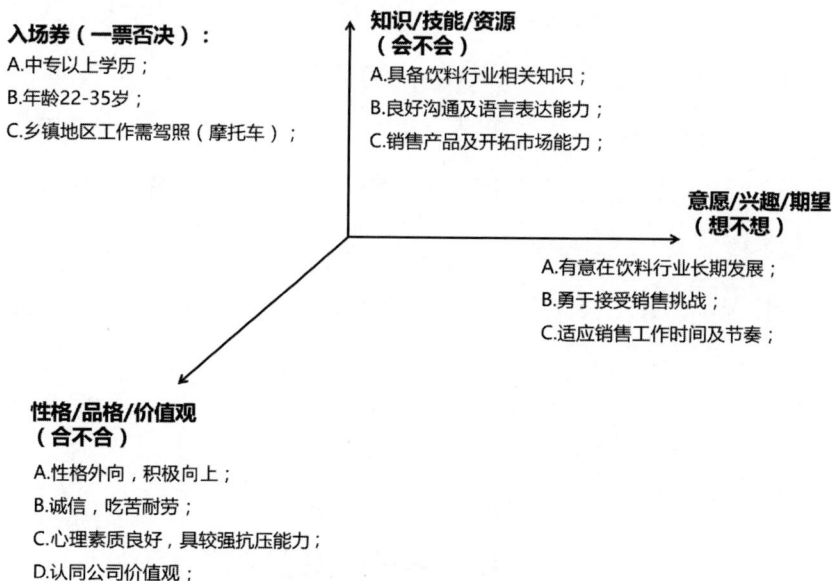

**入场券（一票否决）：**
A.中专以上学历；
B.年龄22-35岁；
C.乡镇地区工作需驾照（摩托车）；

**知识/技能/资源（会不会）**
A.具备饮料行业相关知识；
B.良好沟通及语言表达能力；
C.销售产品及开拓市场能力；

**意愿/兴趣/期望（想不想）**
A.有意在饮料行业长期发展；
B.勇于接受销售挑战；
C.适应销售工作时间及节奏；

**性格/品格/价值观（合不合）**
A.性格外向，积极向上；
B.诚信，吃苦耐劳；
C.心理素质良好，具较强抗压能力；
D.认同公司价值观；

图 3-7　饮料行业销售业务代表"入场券"及"三维模型"

### 4. 岗位胜任标准三维模型在现实工作中的运用

"三维模型"是一个动态的模型：当招聘的情景、对象不同时，"会不会""想不想""合不合"这三个维度的侧重点也会不一样。

比如说，大约八九年前，沿海地区出现用工荒现象，珠三角地区一些劳动密集型的企业用工紧缺，HR 甚至在火车站广场摆摊设招聘点。火车一到站，有意愿的与 HR 简单交谈几句，只要头脑清楚，四肢灵活，薪水意向合适，立刻上车送到工厂。

在这种情况下，"会不会""合不合"已经退到最低底线，退无可退，只要应聘者愿意，即可上班。这时候的岗位胜任标准如图 3-8 所示。

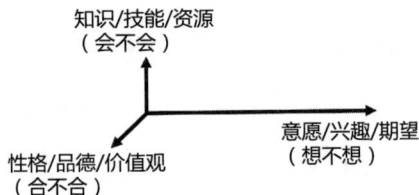

图 3-8 "三维模型"侧重"想不想"维度

再比如，一些民营企业蓬勃发展，企业需要一些如副总级别的高管人才，经过猎头机构的联系后会与一些候选人见面，这时双方一般不会多谈"会不会"（到这个层次了，一般不需要谈了），也不会重点谈"想不想"（能被猎头牵线，说明双方都有意愿），这时企业负责人可能会约候选人到酒店的商务楼层或者比较雅致的会所，双方谈谈人生，聊聊理想。

在这种情况，"会不会""想不想"已不是重点，"合不合"才是关键！如图 3-9 所示。

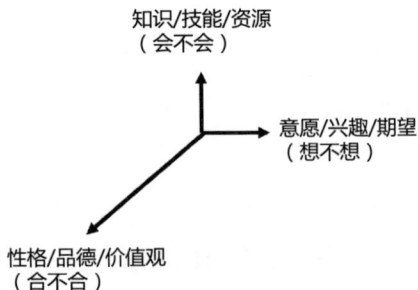

图 3-9 "三维模型"侧重"合不合"维度

"三维模型"是一个动态模型还体现在另一个方面：市场不会总是能提供足够

完美的候选人给你，当外面市场上没有十全十美的人（事实上也不存在），无法找到与岗位高度匹配的人时，那么此时在"会不会""想不想""合不合"的维度上如何取舍呢？

有这么一种思维供管理者们参考：

按照前面三个维度的分析，如果用 100 分来衡量每一个维度的话，"合不合"是基石，至少要到 80 分；意愿／兴趣／期望清晰固然很好，但有些人的意愿／兴趣／期望仍是可以引导或挖掘的，达到 70 分即可。知识／技能等"会不会"维度，暂时达不到优秀也没关系，入职后可以边做边学，只要达到基本的要求 60 分即可。

这也符合"冰山模型"理论：冰山上的"会不会"部分最具培训价值，冰山下的"想不想""合不合"部分则是最佳选拔价值。

在这个市场上，几乎无法找到三个维度都是 100 分的员工，也可以说任何人都不可能百分百适合某个岗位，即永远有差距，就永远有追求！

出类拔萃、才思敏捷、才干十足的人才，人人爱之，但市场上这种稀缺资源往往需要付出的薪水很高。

相反，有时像独具慧眼的伯乐一样把潜在的人才识别出来，然后在工作中像玉一样精心雕琢，培养成为公司的栋梁之材，从投资回报的角度来说，也不失为一件好事。

唐朝诗人杨巨源在《城东早春》写到："诗家清景在新春，绿柳才黄半未匀。若待上林花似锦，出门俱是看花人。"其实就是在隐喻用人不仅只用锦绣灿烂的上林之花，更要注意寻找那些暂时默默无闻但很有才华和发展前途的人。

管理者们，你觉得呢？

最后，在本节结束时，留一张工具表及作业题给管理者们，请运用图 3-10 的工具表完成某岗位的胜任标准。

**工具表：招聘岗位入场券及岗位胜任标准表**

| 岗位名称: | |
| --- | --- |
| 基本要求(入场券): <br> ✿ <br> ✿ <br> ✿ | |
| 岗位胜任标准(三维模型) <br> A. 知识/技能/资源 <br> ✿ <br> ✿ <br> ✿ <br> B. 意愿/兴趣/期望 <br> ✿ <br> ✿ <br> ✿ <br> C. 性格/品德/价值观 <br> ✿ <br> ✿ <br> ✿ | |

图 3-10　招聘岗位入场券及岗位胜任标准表

# 五、几种常见的人才评估识别工具

在上两节，我们学习了如何确认空缺岗位的入场券以及岗位胜任标准，相当于尺子及尺子上的刻度已经很清晰了，那接下来的招聘工作就是邀请应聘者参加选拔评估，通过选拔评估后，再确认与标准最匹配的候选人。

以下是对常见的选拔评估方式的介绍。

## 1. 面试

在招聘中，面试是到目前为止用得最多的选拔评估方法。但许多管理者常常把面试等同选拔评估，认为面试是唯一的选拔评估方法。当然，不管招聘过程中用多少种选拔评估方法，通常也会安排面试环节，因为很少有人会愿意雇佣他们从未谋面的人。

面试是一种重要的社会交往互动选拔评估方法，它可以是面对面交谈，也可以是线上视频或电话交流。它以管理者对应聘者的交谈与观察为主要手段，测评应聘者的知识 / 技能 / 资源、意愿 / 兴趣 / 期望和性格 / 品德 / 价值观等维度的匹配情况。

按面试的实施方式来划分，可分为结构化面试、半结构化面试和非结构化面试三种形式。

结构化面试是指面试题目、实施程序、面试评价、考官等方面都有统一明确的规范；半结构化面试只对面试的部分因素有统一要求，如规定统一的程序和评价标准，但面试问题可以根据面试对象不同而有所变化；非结构化面试不需遵循事先安排好的规则和框架，面试官可以任意地与应聘者讨论各种话题，或根据被试者提出不同问题。

面试虽然被广泛使用，但有时通过面试而做出的判断往往是主观的，特别是对于没有经验或没有接受过专业训练的管理者，有时他们在初次面试应聘者时，可能表现得比应聘者还紧张，老在想下一个问题我应该要问什么，从而忽略了应聘者的回答。

面试是每一位管理者都会参加的选拔评估活动，要想提高面试匹配的准确率，建议管理者们可以参加面试的专业技能培训或者参阅如何做好面试的相关书籍。

### 2. 笔试

在实际工作中，辅以面试最多的就是笔试，它可以一下子把员工的基本情况了解清楚。笔试对了解三个维度"会不会"中的知识技能匹配度有显著作用。比如，财务人员做一套题，基本上就能了解其会计的基本功。

笔试特别适用于要求具有一定技术含量的工种。

### 3. 现场演练

对于公司一些操作性工种而言，评估应聘者是否与三维模型中的"会不会"匹配，最好的方法不是直接问："你车开得好不好？""你的电焊技术如何？"而是让他直接到现场操练一番，几斤几两，一目了然。

对于这些操作性工种，现场演练是评估知识技能维度最有效的方法。

### 4. 情景模拟

对于许多非操作性工种，无法现场演练，那除了面试、笔试外，还有没其他方法来衡量与岗位的匹配程度？

有的。我们还可以用情景模拟的形式来进行，比如说，请应聘者角色扮演进行一场演讲，或角色扮演与另一部门管理者商讨问题，或者将应聘者按小组划分一起做案例讨论或一起做个游戏活动，请应聘者在模拟的工作场景里处理工作上的问题等方式，下面会重点介绍几种常用的情景模拟方法。

（1）无领导小组讨论

这种选拔是情景模拟的一种，在校园招聘中用得较多。在国内的一些 MBA 入学面试时也常用这种方法。

具体操作：应聘者被分为不同的小组，每组 6 ~ 8 人不等，小组成员角色平等，就某些争议性比较大的问题在规定时间内进行讨论，在讨论中，成员就同一个主题发表自己看法，也可以相互提问。

在整个讨论的过程中，面试官在最初阐明问题或交代清楚任务之后，就不再与组员进行交谈，也不再回答组员的任何问题，而是在旁进行观察记录，比如说表达者的逻辑思维以及表达观点的视野及高度，谁是问题的引领者，谁在积极协调中，或者谁是跟风者等。

无领导小组讨论主要测试候选人的沟通表达能力、分析能力、人际合作、逻辑思维能力、自信心、组织协调能力等各方面的能力和素质是否匹配拟任岗位的要求。

（2）文件筐测试

对于一些关键的管理岗位，在选拔过程中模拟工作现场的情形处理问题，叫文件筐测试。它模拟应聘者在真实的工作环境中分析各种资料、处理各种信息，并做出决策的一种工作活动。一般来说，文件筐测试的答案需要由应聘者写在纸上，并有一定的时间限制。举个招聘人力资源总监的文件筐测试例子：

【模拟情境】

建达公司是一家大型民营上市公司，业务领域涉及水利工程，环保科技和电力自动化等多个领域，其人力资源部下设五个主管岗位，分别是招聘主管、薪酬主管、绩效主管、培训主管和劳动关系与安全主管，每个主管有 2～3 位下属。今天是 2016 年 7 月 8 日，你（李忠浩）有机会在接下来的 3 个小时里担任该公司人力资源部总监的职务，全面主持公司人力资源管理工作。

现在是上午 8 点，你提前来到办公室，秘书已经将你需要处理的邮件和电话录音整理完毕，放在了文件夹内。文件的顺序是随机排列的，你必须在 3 个小时内处理好这些文件，并做出批示。11 点钟还有一个重要的会议需要你主持，在这 3 小时里，你的秘书会为你推掉所有的杂事，没有任何人来打扰。

【任务】

在接下来的 3 小时中，请你查阅文件筐中的各种信函，电话录音等，并用给出你对每个材料的处理意见。具体答题要求是：

请给出你的处理意见，并准确、详细地写出你将要采取的措施及意图。

【文件一】

类　　别：电话录音

来电人：姜秀利 国际事业部总监

接受人：李忠浩 人力资源部总监

日　　期：7 月 8 日

李总：

您好！我是国际事业部的姜秀利，去年 10 月中旬，人力资源部曾要求各部门上报 2016 年的大学生招聘计划。由于我部业务的特殊性，不仅要求较高的英语水平，而且要懂得一定的专业知识，这类人员在校内招聘的难度很大。此外，由于我们公司薪酬水平较低，即使招聘来也很容易流失，过去几年的流失率高达 74%。为此我们国际事业部多次召开会议，并初步达成共识：公司需要制定中长期的人才规划以吸引并留住优秀人才。

但是，到底该如何操作，尚无具体方案。我刚和总裁通过电话，他建议我直接与您沟通，不知您有何意见想法，请尽快告知。

【文件二】

类别：书面请示

来件人：余方 招聘经理

收件人：李忠浩 人力资源部总监

日期：7 月 7 日

李总：

您好！ 由于业务调整，今年三月，公司决定停止化工产品的研发工作，将化工研发小组并入到研究方向相似的环保研发小组，并由原环保小组的项目主管全权负责。最近几个月，原化工小组的成员流失严重，我们高薪聘用的几位博士也提出了离职申请。通过和他们的沟通了解到原化工小组的成员普遍反映无法与原环保小组的成员合作，在工作中受到忽视，重要的研讨会议从来不通知他们，只让他们做一些类似输入数据的简单工作。在上半年的绩效考核中，很多原化工小组的成员觉得受到了排挤，考核结果也不理想。针对此事希望您能给予指示。

【文件三】

类 别：便函

来件人：陆正怡 总裁

收件人：李忠浩 人力资源部总监

日　　期：7 月 8 日

小李：

9 号下午你是否有空，我刚刚看过上半年的绩效考评结果，综合过去两年来各部门的运行情况，我觉得有必要对公司的中层干部进行调整。另外，公司明年要上一些项目，需要有针对性地补充一些管理人员，我想听听你的意见，请准备一下相关资料，并与我联系。

陆正怡

因篇幅原因，在这个文件筐测试例子中，我们只举了三个例子，涉及上级、平级、下级，但在实际操作中，可能需要完成 9 ～ 10 个与工作相关的任务。

（3）管理游戏或小组活动

管理游戏或小组活动，亦称商业游戏。

在这种活动中，应聘者几个人组成小被分配一定的任务活动，必须合作才能较好地解决，有时也会引入一些竞争因素，如三四个小组同时进行销售或进行市场占领，以分出优劣。有些管理游戏中还包括人员组织与划分，和动态环境相互作用等更为复杂的决策过程。

管理游戏是一种以完成某项"实际任务"为基础的标准化模拟活动。通过候选人在完成任务的过程中所表现出来的行为来测评候选人的素质，通过活动观察与测评候选人的实际管理能力。举个校招案例：

候选人分小组比赛

材料：一只生鸡蛋，四个纸杯，一双筷子，长吸管和短吸管各两根，两只气球，几根皮筋，几张彩纸和几枝彩笔，一把剪刀和一瓶胶水。

要求：用一个生鸡蛋和其他几种简单的材料做成一个"飞行器"，哪个小组的"飞行器"飞得最远而且不碎就是胜利者。

时间：45 分钟。

### 5. 心理测试

心理测试是指在控制情景的情况下，向应聘者提供一组标准化的刺激，以所引起的反应作为代表行为的样本，从而对个人的行为做出评价。以此帮助了解应聘者在岗位胜任标准"会不会""想不想""合不合"三个维度的匹配程度。

它通过一系列手段，将人的某些心理特征数量化，以测量应聘者的智力水平和个性方面差异的一种科学测量方法，其结果是对应聘者的能力和发展潜力的一种评定。

心理测试类型从内容上划分，可分为个性测试、能力测试、职业兴趣测试。按形式划分，可分为纸笔测试、心理实验、投射测试、笔迹分析测试。

我们按内容的分类一一介绍：

（1）个性测试

个性测试也叫人格测试：测试情绪、需要、动机、兴趣、态度、性格、气质等方面的心理指标。个性测试在企业运用较广的工具有：DISC 性格测试、MBTI 职业性格测试、CPI（加利福尼亚心理调查表）、OPQ 职业性格测评、PDP 行为风格测评、FIROB 心理测评、卡特尔 16 种人格特征量表等。在此，我简单介绍 DISC 性格测试和 MBTI 职业性格测试两种。

DISC 性格测试，由心理学家马斯顿博士在《正常人的情绪》一书中提出，并对 DISC 测评以及理论作出说明。他把人的类型按照两个维度进行划分：外向或内向，专注于工作或专注于人际关系。这两个维度进而被划分成四个区间：外向且专注工作的 D 型人（Dominance：支配），外向且专注于人际关系的 I 型人（Influence：影响），内向且专注人际关系的 S 型人（Steady：稳健），内向且专注于工作的 C 型人（Compliance：服从）。而 DISC 分别代表了这四个英文单词的首字母。

MBTI 职业性格测试是凯瑟琳·布里格斯和伊莎贝尔·布里格斯·迈尔斯这对母女在荣格的心理学类型理论的基础上提出了一套个性测验模型，故这套理论模型以她们的名字命名，叫 Myers-Briggs Type Indicator，缩写为 MBTI。它从纷繁复杂的个性特征中，归纳提炼出 4 个关键要素：动力（E&I）、信息收集（S&N）、决策方式（T&F）、生活方式（J&P），并进行分析判断，从而把不同个性分成 16 种类型。

（2）能力测试

能力测试可以分为一般能力测试和能力倾向测试。

一般能力测试是测量被测人完成特定活动的全面能力，指的就是我们常说的智力（IQ）测试，它主要测验一个人的思维能力、学习能力和适应环境的能力。这类测试在国际上有特定和认同的标准测量评估工具。

能力倾向测试指的是一个人在多方面的特殊潜能，包括抽象推理、知觉推理、数字推理、言语推理、空间推理、序列推理、机械推理等。

国家公务员考试中的行政能力测试就是一种能力倾向测试。主要考察从事公务员工作必须具备的一般潜能，包括常识判断、言语理解与表达、数量关系、推理判断、资料分析五个方面。

[ 举例 ] 数字推理题：前两方格里的数字是按一定规律相联系的，请在第三个方格里填入一个数字。

| 1 | 2 |
| 3 | 9 |

| 3 | 2 |
| 3 | 15 |

| 2 | 3 |
| 3 | ? |

[ 举例 ] 言语推理样题：

"有些动物是有毒的。触摸所有有毒的动物都是危险的。"

以下哪个推论是正确的？

a）触摸所有无毒的动物都是安全的。

b）有些动物是危险的。

c）触摸有些动物是安全的。

[ 举例 ] 抽象推理样题：

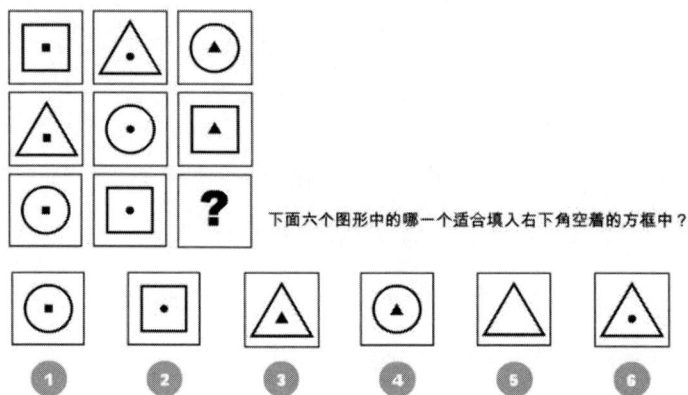

下面六个图形中的哪一个适合填入右下角空着的方框中？

（3）职业兴趣测试

职业兴趣测试目的在于发现一个人最感兴趣的并最可能从中得到满足的工作，它是用于了解一个人的兴趣方向以及兴趣序列的一项测试。职业兴趣测试在企业运用较广的工具主要有：霍兰德职业兴趣量表、斯特朗职业兴趣表等。

在企业中无论是招聘还是内部人才评估，心理测试的应用都主要集中在个性、能力倾向、职业兴趣这三个方面，通常会用标准的纸笔测试方法，因为标准纸笔测试法有客观计分系统、解释系统、良好的常模、较好的信度、效度和项目分析数据。

在企业中一般不会运用如心理实验、投射测试、笔迹分析这种主观性强的测评方式。

关于心理测试的知识，管理者们只需了解心理测试的内容、方法以及运用目的以及结果评估即可，如果你对心理测试有浓厚的兴趣，可以参阅这方面的专业书籍。

## 6. 评价中心

前面介绍了面试、笔试、现场演练、各种情景模拟、心理测试等方法，但我们也发现，如果只用其中一种方法来评估应聘者与岗位胜任标准的匹配程度，可能精准度（或叫命中率）不会太高。

据研究表明，没有受到过训练的经理面试时的效度是 0.35（分数 1 表示在任何情况下都完美预测，分数 0 则表示这种测评方法完全没有预测力）。

那如果把不同的选拔评估方法结合起来，从多个角度来评估应聘者（当然付出的各类成本也会增加），会不会增加命中率呢？

答案是可以的，把多种选拔评估方式组合起来运用，就是人力资管理上所说的评价中心（Assessment Center）。

评价中心的起源可以追溯到 1929 年德国心理学家建立的一套用于挑选军官的多项评价体系。在企业中开创运用评价中心技术先河的是美国电话电报公司，随后各大企业纷纷采用评价中心来选拔人才。

评价中心是从多角度对个体行为进行标准化评估的各种方法的总称。它使用多种测评技术，通过多名测评师对个体在特定的测评情境中表现出的行为作出判断，然后对所有测评的意见通过谈论或统计的方法进行汇总，从而对个体的能否胜任该项工作岗位作出判断。

图 3-11 是常见企业在校园招聘时的流程图，在选拔过程就用到了评价中心（其中含性格测试、无领导小组讨论、演讲、行为面试四种评估方法）。

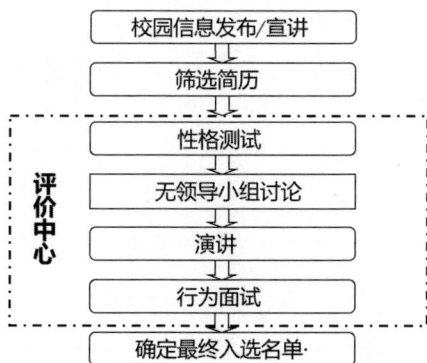

图 3-11　企业校园招聘流程图示例

评价中心技术被认为是考察管理潜能的最有效的方法之一。据研究表明，采用评价中心技术选人效度在 0.65 以上。评价中心也要求在前期有大量的计划和投入，一般用于较高管理职位的人才选拔与评估使用。

评价中心典型的技术包括：工作样本（如文件框，书面分析）、心理测试、结构化行为面试、无领导小组讨论，管理游戏，演讲等。图 3-12 是关于评价中心不同选拔评估方法配对岗位胜任标准的演示图。

| 测 评 方 法 | 三维岗位胜任标准 | | | | |
|---|---|---|---|---|---|
| | **A** | **B** | **C** | **D** | **E** |
| 心理测试 | ☑ | ☑ | | | |
| 无领导小组讨论 | | | ☑ | ☑ | |
| 演讲陈述 | | ☑ | | | ☑ |
| 文件筐 | | | ☑ | ☑ | |
| 面试 | ☑ | | | ☑ | ☑ |

图 3-12　测评方法与岗位胜任标准的对应关系

以上是各种选拔评估方法的介绍及实际运用，在本节结束之时，也留一道作业题给大家：

思考上一节制定出的各条岗位胜任标准，用什么选拔评估方法最合适？

# 第四章

## 锦囊4：从"人材"到"人财"

# 一、知人善育，员工识别四象限

### 1. 员工识别四种分类方法

管理者带团队时，首先需要识别团队成员。

在上一章节我们讲了选人的三个维度：会不会、想不想、合不合，其中合不合是基石，是必要条件。因此，当管理者被公司任命接手新团队时，如果团队里的员工均已在岗，此时先默认团队成员在"合不合"（性格 / 品格 / 价值观）方面已符合基本要求（如发现不符合，以后也会请他离开团队的）。

那我们就可以从"会不会""想不想"这两个维度进行，以了解员工与岗位胜任要求的匹配程度。

"会不会"相当于工作能力，即有没有能力实现工作上的要求。

"想不想"相当于工作意愿，即愿不愿意为之付出更多的能量。

通过能力、意愿这两个维度的高低组合，就可以得到员工分类四个象限。图 4-1 形象地给每个象限的员工辅以好理解的代号。

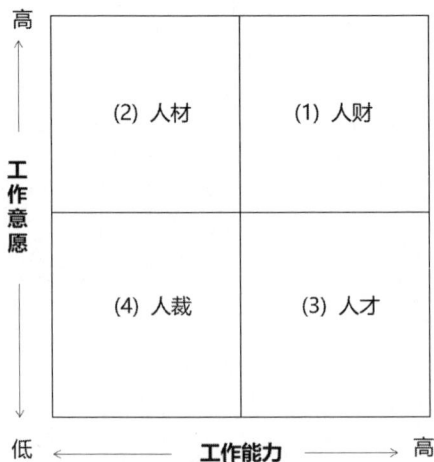

图 4-1　员工识别四种分类方法

（1）第一类员工：人财

"人财"，贝字旁的"财"，此类员工能力高、意愿强。此类员工绝对是团队的一笔财富，值得好好珍惜。当你的团队拥有此类员工时，对于他的策略应是：授权、提供空间和舞台、赋予更有挑战的任务、多支持他的工作、少对他的工作指指点点、常邀请他们来做决定、肯定他们做得好的地方。

当然对于此类员工，管理者常犯如下的错误：不肯授权、凡事事必躬亲、下属每一步行动都需要详细阐述并且早请示、晚汇报。与不肯授权相反，管理者另一常犯的错误是：授权过度，没有跟踪反馈，因纵容酿成大祸。

同时，管理者对待此类员工时要避免出现"鞭打快牛"的现象，所谓"鞭打快牛"指的是走得越快的牛反而被主人用鞭子抽，期望它走得更快。

一位农夫有一头水牛和一头黄牛。农夫拉着两头牛犁田，他先给黄牛套上犁枷，但黄牛任凭他怎么吆喝就是不走，折腾半天也没犁几路田。无奈之下，农夫换上水牛，水牛不用吆喝就主动拉着犁往前走，但农夫还是不断地鞭打水牛。水牛很是不解，就停下来问："主人，我已经尽心尽力地帮你拉犁了，怎么还老是打我？"农夫说："黄牛不拉，只有你拉，不打得你跑快些，什么时候才能犁完田？少废话，快走！"说罢又是一鞭。

"鞭打快牛"在实际工作的具体体现就是：

① 干工作越快越好的人突然发现，自己总会被安排更多的工作，而那些慢悠悠的人，工作量却一直比较少；

② 工作业绩突出的人，总是会迎来更高的业绩要求，而那些工作业绩一般的人，由于业绩目标定得不高一样可以靠任务完成率拿到不菲的回报。等等诸如此类。

慢慢地，"快牛"也就没有了动力，变成了"慢牛"，或者干脆"愤蹄"离去。因此管理者在日常工作中要做好工作分配，鞭策"慢牛"，也要满足"快牛"的需求。

一般来说，如果"人财"使用不当，就会向下滑落为第三类员工"人才"，进而在人才市场流动，成为其他组织及团队的"人财"。

（2）第二类员工：人材

"人材"，木字旁的"材"，此类员工意愿较高，但能力暂时达不到岗位要求，常见为刚加入团队的新人，包括大学毕业生等。

对于这类员工，管理者首先需要接纳和认可（如何接纳、认可，可参阅本章第三节），同时给予相应的辅导、支持来提升其技能，并且在工作中适当锻炼他，外松内紧，"远远"看着他做，当有进步时给予鼓励，并不断引导其对此岗位更加浓厚的兴趣。

对于这类员工，管理者常犯的错误要么是不闻不问，任其自生自灭，往往新人来到团队，就扔过一本操作手册让他自己学，几天过去了也没人理睬；要么就是揠苗助长，让还没有受到足够训练的新员工去承担超出其能力范围的工作。如果结果失败了，管理者就会在旁边说风凉话："你看，我就说他不行嘛！"

（3）第三类员工：人才

"人才"是指在人才市场上流动的"人才"，能力强但意愿不强。为什么这类员工意愿不强？有许多许多原因：也许觉得在这里付出与回报不对等，也许是对公司或团队失望了，也许他觉得自己在这里没有发展空间，也许他与团队的领导水火不容等。

对于这类员工，解决思想上的困惑是关键，对管理者来说耐心了解其低意愿的原因，可考虑更新他们的工作内容，扩大工作范围；同时要敢于面对并纠正其态度问题，另要未雨绸缪，准备后续梯队，万一真的离职了，以便有人可以顶替。

在这个过程中，管理者常常犯的错误是过早放弃，往往一言不合，或下属略表现出低意愿，就一句"想做就做，不想做走人"加速他的离开。

多年的工作经验告诉我，一旦团队有此类员工，更高一级的管理者或公司人力资源部门的帮助与介入会更有效。他们通常站在公司的角度，把此类"人才"调到其他部门，往往会让他们重新燃起热情，再次成为公司的"人财"。

在腾讯公司，把这一举措称为"活水计划"。这几年来，腾讯公司内部流动员工达 5000 人左右。

相比"人材"，"人才"类型员工的离职更为可惜，因为从"人材"到"人财"能力的提升，需要时间的沉淀与积累。对于"人才"而言，通常解决其意愿需求问题，就很快可以回到"人财"的象限。

（4）第四类员工：人裁

"人裁"，顾名思义，最理想的状态是把这类能力不强、意愿不高的"老油条"员工裁掉。但当企业因为各种原因，无法让这类员工离开团队时怎么办？那么此时管理者最好把他调离团队核心岗位，并且还需密切注视，日常督促、以免影响整体团队士气，出现劣币驱逐良币的现象。

当断不断、优柔寡断、做老好人是管理者面对此类员工的大忌。

**2. 员工识别分类方法地运用及练习**

根据能力与意愿来区分"人财、人材、人才、人裁"员工的小工具，虽说略显粗糙，但由于其简单、直观、易于理解，往往可以作为管理者识别员工的模型及方法，并在工作中有效运用。

在实际工作中，如何合理调配各类员工？

这里引用毛主席的一段话送给各位管理者："团结一切可以团结的力量，调动一切可以调动的积极因素，化消极因素为积极因素。"

最后，也提供一个练习给大家，请尝试判断他们的类型。

请分析以下案例，看看他们是哪类人？需要什么样的领导方式？分享你的判断依据：

【案例分析 1】

张三是一名新进公司的销售代表，在学习了一周的基本岗位知识和技能后就高高兴兴地跟老的销售代表开展业务工作了。最近他有了自己的客户拜访线路，每天他都精神抖擞、信心十足地按要求进行线路拜访，可接连几天都无法完成销售任务，他越来越着急，甚至开始怀疑自己的能力，天天担心晚上回到公司后被主管批评，每天压力都很大。

张三现在属于哪类人？这类人需要用什么样的领导方式？

【案例分析 2】

李四是公司的一名资深销售人员，已经在公司工作了 8 年。一天早晨，张经理让他接手一家超市的合同谈判工作，并且告诉他时间很紧，两周后必须要签订合同，而且这个客户是今年团队完成销售任务的关键。但张经理最近出差较多，无暇跟进此事。张经理对他说："你已是公司的资深销售人员，以你的能力相信这次一定可以搞定，这样整个团队今年的业绩就有戏了"。并在早会上宣布由李四全权负责此事。李四很受鼓舞，使出洪荒之力，做了周全的准备，最后顺利完成工作，得到了整个团队成员的认可，自己也很有成就感。

李四现在属于哪类人？这类人需要用什么样的领导方式？

【案例分析 3】

王五是公司的一名业务人员，在公司工作两年。他每天懒懒散散的，也没有什么工作动力，每个月销售都完不成，通路的产品陈列表现也达不到公司要求。新接任的李主管为此多次指导他，希望帮助王五提高技能，达成目标，可每次王五都说会改，但下一次又犯同样的错误，屡教不改。有时还在背地里跟同事发牢骚："就这点钱，还要让人干那么多事情，怎么可能。"李主管后面了解到，王五家里光出租房子一个月就有好几万元的收入，并不缺这点钱，只是觉得有个工作才不无聊，所以托人才进的公司。

王五现在属于哪类人？这类人需要用什么样的领导方式？

【案例分析 4】

赵六是公司高级业务人员，在公司工作了 5 年，目前负责通州区的重点客户，处理问题的经验非常丰富。最近公司更换了城市经理，新来的吴经理到通州 3 个月后，赵六提出离职。离职原因是：吴经理经常布置一些工作，但是每次都需要赵六详细阐述具体步骤，并且一天几次电话叮嘱要做的事情，还要赵六随时汇报情况，有时候赵六有一些好的想法，与吴经理一沟通就被打回来，直到按吴经理心中所想的具体方法实施方可行……赵六越做越灰心，觉得工作没有什么意思。于是他凡事都应付了事，吴经理看他的表现，更是觉得赵六不是他想要的人，甚至言谈中对赵六说，想做就做，不想做就走人，赵六因此提出离职。

赵六现在属于哪类人？这类人需要用什么样的领导方式？

# 二、员工成长地图

## 1. 员工成长的四个过程

有时与管理者们聊天，他们会说："要是公司都把能力强、意愿高的'人财'都调给我，那该多好呀。"我常开玩笑回复他们说："是呀，如果你运气爆棚，就有可能捡到这样的便宜。"

玩笑归玩笑，对于管理者来说，团队的"人财"是不会从天上掉下来的，不要幻想不劳而获，"人财"几乎只能从内部好好培养。

真的，在管理者没有足够多的付出时，不要空想新员工一上岗就能独当一面，不要遐想刚刚就职的员工立即成为你的业务骨干，更不要妄想员工会自发主动、热情洋溢地为部门目标而奉献、为企业奉献。

这样的员工不是自然产生的，而是要靠悉心培养的。

你希望拥有什么样员工，就应该用什么样方法，或者心态去培养他。

在上一节中，我们用了员工识别四象限这个小模型来识别你的员工。如果你按照这个小模型来盘点员工，我们会发现，在工作中，对于大多数团队来说，员工大部分是归属在"人材"及"人财"这两个象限的，当然，可能也会有个别员工落在"人裁"以及"人才"这两个象限。

如果你已经运营一段时间的团队了，你还发现你的大部分员工还是落在"人裁"

以及"人才"的象限，那就不是他们的问题，而是你自身的问题了。

一般来说，团队里的员工成长是有一定规律的，如图 4-2 所示。

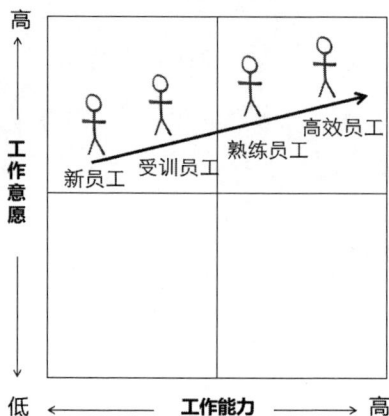

图 4-2　员工个人成长地图（理想状态）

一般来说，员工刚入职时，作为新员工，大约是在"人材"的起点位置，即意愿较高而能力暂时达不到要求。

随着新员工不断接受训练，慢慢了解和掌握工作岗位的要求，此时的他是一名受训员工。

当他熟悉了工作的日常流程和操作，并且对公司与团队的环境也熟悉起来，对公司以及岗位的认可度也日渐增长，此时他已成为一名熟练员工。

当他可以独当一面，自行处理职责范围内的事情并可以不断创新改进时，就成长为团队里的高效员工，即团队里真正的"人财"。

由此可知，员工的成长就是从新员工、受训员工、熟练员工、高效员工这样一步步走过来的，而且这个过程是无法跨越或者替代的。

**2. 帮助员工成长是管理者永远无法停止的工作**

帮助员工成长，让团队员工呈梯队发展，对管理者来说有以下四个好处：

（1）员工快速成长是团队完成任务的有效保障。作为一名管理者，不管你个人的能力有多强，专业知识与经验有多丰富，都需要依靠团队成员的共同努力。而团队成员是否精明能干，是否能独当一面，是团队能否高效并圆满完成任务的关键。"蜀中无大将"的情形很难让团队的成绩出彩。

（2）员工呈梯队发展是团队持续发展的法宝。即使在工作过程中有员工离开了，也很快会有准备好的员工顶上。当你的团队员工培养呈梯队发展时，优秀的人才就会不断涌现，从而避免团队出现"青黄不接"现象。

（3）帮助员工成长实际上也是给员工的一种正向激励。对于工作，员工不仅期望得到"现货"（指薪水报酬等），还期望得到"期货"（指对未来的希望），而能力的提升则是兑现"期货"的一种有效方式。

当管理者在帮助下属成长的过程中辅以热情、真诚和期望，员工会感激引领他们成长的领导，从而将获得员工更多的尊重。

特别是对于刚踏进职场的新人，他们特别需要那种能为自己提供专业指导的管理者，这时候往往对薪水、职位的需求反而排在其次。如果此时管理者能给予他们工作技能方面的指导，这将十分有利于他们未来的职业发展。当他们看到成长机会时，自然会更加努力地把当下的工作做得更好。

（4）帮助员工成长这一过程也给管理者与员工搭建了面对面沟通的桥梁，事实上这就是管理者与员工建立信任的有效过程。在第二章第四节"是时候发挥你的领导力"一节中有谈到，主动利他，是建立信任的有效方法。主管通过各种方法帮助员工成长本身就是一种往情感账户存钱的行为，通过这个过程你让下属明白：我培养你，你帮我做事，在你帮我把事办好的同时，你自己的能力也得到了提升。而且帮助员工成长的过程也是双方形成共同的价值观，增加团队凝聚力的有效方式。

可能有的管理者会反驳说："那我把所有岗位的员工都培养成高效员工（即'人财'），不就可以歇一歇了？"

还真不行，原因也非常简单：

第一，你所处的公司会不断成长，今年业务要求做到 10 亿，明年后年要做到

20 亿，与此同时，配套的业务区域扩大，生产线产量扩张，组织变得更加庞大，自然就需要更多的优秀人才，此时你团队里的"人财"不可避免地会被公司征调。

第二，在激烈的市场竞争环境下，铁打的营盘流水的兵，你团队的熟练员工以及高效员工都不可避免地会因为各种原因离开。

这两个因素会迫使你不得不从团队梯队中找一位来顶替离职的人，然后招聘新人，然后再一步步培养他。

这么看来，培养下属是管理者们永远也无法停止的工作！

# 三、接纳、认可员工，帮助员工融入团队

## 1. 从心里接纳员工，是高绩效团队创建的第一步

因为工作关系，我认识一位高层管理者，每次见面时，他都会抱怨自己的下属：这个态度不积极，不能全身心扑在工作上，那个能力不行，连个计划表都做不好，要不就是格局视野不够大，要不就是抓不到工作重点……总之，没有一位能达到标准和要求。随着时间的推移，下属们该离职的离职，该调走的调走，没过两年，这位管理者的下属员工几乎都换了一拨。

又一次见到他时，还是同样的抱怨，这个不好，那个不行。

这时我突然意识到：其实问题不在他的下属，而在于这位管理者从来就没有打开心门，也没有敞开心扉去接纳以及认可团队成员！

当一名员工通过招聘的各个环节，正式加入你的团队，就意味着他已经是你团队的一员，他身上的优点/缺点你都得接受，此时的管理者需要做的是张开双臂去拥抱他们，而不是幻想外边还有更好的、十全十美的人在等着你。

此时再去指责他们这个不好，那个不行也无济于事，反而需要管理者知人善用，根据每个人的优缺点扬长补短，发挥出每个人最大的能量。

还记得我们在第一章所谈的管理者心智模式之选择性盲目吗？即人们只看得到自己想要看到的东西。

当你对员工的缺点"明察秋毫"时，通常看到的是表现糟糕的一面。

另外，从心理学角度来看，每个人都认为自己比别人优秀。曾经有位老师在学校做过一个游戏，说："认为自己在班里算是中等以上的请举手"，结果全班同学都举手了。有一项心理学调查也表明：按世界人口橄榄球型分布来看，大约 10% 的人是优秀的，但每次调研人群的时候，会发现 90% 的人都认为自己属于那 10%。所以说，人经常会高估自己，低估别人。因此有些管理者永远看到的是下属的不足。

漫画家蔡志忠有一句话："每块木头都可以成为一尊佛，只要去掉多余的部分"。相信员工、接纳与认可员工，是管理者打造高效、有凝聚力团队的关键第一步。

## 2. 帮助员工快速融入团队的两种有效方法

管理者除了发自内心接纳、认可员工以外，还需要快速帮助新员工融入团队，同时建立团队成员之间的链接以增强团队的凝聚力。

除了日常的工作交流以外，可以通过正式组织与非正式组织两种团队建设方法来帮助新员工快速融入团队。

（1）正式组织方法

比如说团建活动，可以快速消除陌生感，彼此熟悉。有时根据团队大多数人的喜好，组织定期的体育活动也是不错的方式，打打篮球、羽毛球，或者带领团队外出参观学习等。有时定期的聚餐，喝几杯小酒，天南地北地轻松聊天也是融合人际关系的有效形式。

又或者巧妙运用迎新仪式，让新员工感受到自己已是这个团队的一份子，并为可以待在这样的团队感到骄傲。

在电视剧《士兵突击》里有一个钢七连的入队仪式情节：当新兵加入连队时，连长与指导员就会搞一个入队仪式。在这个过程中，会展示连队的荣誉旗帜，会让新兵记住自己是连队第几名士兵，会让新员牢记钢七连为国捐躯的前辈嘱托，会让新兵自我承诺，最后一起唱连队歌曲等等。整个仪式下来，每一位新兵都会觉得有机会进入到这个连队是一种荣幸！

所以管理者也可以思考如何创造属于你团队的独特迎新仪式。

比如说，快速建立师徒关系，在团队中找一位值得依靠、信赖的有一定资历的人作为他的师父。有时候，一些不便或不愿问主管的问题，新人可以从他的师父那得到答案。

再比如说，管理者可以让新员工与老员工一个工作组，共同迎接挑战，一起努力完成任务等。

（2）非正式组织的作用

管理者在通过各种正式组织方法帮助新人融入团队时，也别忘记非正式组织在团队中的作用。

团队里的非正式组织在个体融入团队过程中承担了重要的中间人作用。新员工不是一下子被所有人接受的，而是和某一个，或者几个人配对儿，组成相对熟悉的小型网络，然后再靠这个小型网络加入大团队群体，并完成融入的过程。

在《伟大管理的 12 要素》一书中，就有一项盖洛普公司针对 114 个国家，用41 种语言进行的 1 000 万份企业员工和管理者的调查数据：在影响员工满意度的12 个主要因素中，有一个非常重要的因素——在组织中至少有一个好朋友。

所以管理者可以有意识运用非正式组织的作用：

比如说，主动让员工展现自己的兴趣爱好，然后按兴趣建群或组织活动。

再比如帮助新人在公司找到相"同"的链接：同年、同学、同乡等。通过创建不同的平台来加强同事之间的联系，从而让员工快速了解公司，更快融入团队。

对于管理者而言，无论是正式组织还是非正式组织，帮助新员工快速融入团队的目的都是为了打造团结、有战斗力的团队。

# 四、帮助员工快速成长的八种方法

## 1. 团队员工成长 721 法则

一名优秀的管理者不应只会下命令，还要懂得如何去帮助员工成长。当下属做错了，一名优秀的管理者不应只会发火，还要知道如何帮助下属改正，以便下次做好。

如果管理者只会批评下属的能力不强，只会叫人离开，却没有能力训练、培养下属以提升其能力，那做管理也太容易了。因为批评人、指责人、开除人，都治标不治本。

海尔集团董事局主席兼首席执行官张瑞敏先生就有句话："一个员工本身素质的高低，不是你的责任，但是一个员工在你手下做事，你不能让他素质提升，就是你的责任"。

前面我们谈到一名高效员工是从新员工、受训员工、熟练员工这样慢慢培养起来的，而这个过程，员工的主管领导起着很重要的作用。多年的实践经验告诉我，在员工的发展和成长过程中，除了员工自身因素外，90% 的责任在于其直线主管。

那管理者如何帮助员工成长呢？

在团队员工成长方面，有一个非常有名的 721 法则，它是由一个国际性非营利教育机构"创新领导中心"的摩根、罗伯特和麦克三人合著的《构筑生涯发展规划》中正式提出的。意思是说，成年人的学习成长 70% 来自于工作与生活的体验、实践以及问题解决中获得，20% 是从人际互动中学习，主要指工作中借鉴、参考别人好的做法，以及与他人沟通、讨论、交流等过程中得到的反馈与学习。10% 是从各种课堂（含线上线下）培训以及书本中学习所得。

721 法则的真实含义并不是指课堂上学习的东西没用，而是指课堂上学到的理论、知识、工具、方法等，以及自我学习、与他人的交流以及得到的反馈，通过工作去实践、操作，方能转化为真正的能力提升。

南宋大诗人陆游的"纸上得来终觉浅，绝知此事要躬行"大约就是 721 法则的最好解释，知行合一。

### 2. 基于 721 法则的八种有效的员工培养方法

将 721 法则与我们的实际工作相结合，把帮助员工成长的八种常见有效方法进行了整理，如图 4-3 所示。

| 721法则 | 工作中帮助员工成长的八种方法 |
|---|---|
| 10% | 1. 课堂学习（含线上/线下、专业技能等学习） |
| | 2. 自我学习/阅读 |
| 20% | 3. 主管以身作则、日常辅导 |
| | 4. 导师/师父带徒弟/结对子 |
| | 5. 参观标杆，学习他人的好方法及好做法 |
| 70% | 6. 工作实践 |
| | 7. 扩大或丰富工作内容，勇于挑战 |
| | 8. 轮岗或调岗机会 |

图 4-3　帮助员工成长的八种常见方法

（1）课堂学习

许多管理者有一个误区：由于受到多年学校教育影响，一谈到员工能力提升，就想到课堂上课，就觉得是人力资源部门的事情。当然，直到现在，课堂培训仍是企业培训人才的常见手段，特别是针对管理人员的培训。

在社会上，最典型的课堂式学习就是各大商学院的 MBA 教育了，可事实上这么多年来，经过 MBA 这种课堂式教育的学生实际表现与企业的预期却有较大的差距，用管理大师亨利·明兹伯的话来说就是"教室里培养不出管理者"。目前企业对于商学院 MBA 毕业生的文凭含金量并没有特别在意及关注，MBA 更倾向成为个人提升学识、扩大社会人际关系、获取更高教育资历的一种方式。

在我的职业生涯里，我见过的杰出管理者从来不是那些参加管理培训课程次数最多的人，而是那些自觉利用一切机会来快速学习，利用一切机会来调整行动取得成效的人。

按 721 法则，课堂学习对能力提升的效果只占 10%，而且只是员工能力提升的一种方法。课堂学习的真正作用在于传授相应的知识与工具，为在工作实践中运用做好充分的准备。

我们在第二章的第六节讲过，人力资源部门是公司各级人才发展的统筹部门与协调部门，是业务部门的合作伙伴，那么它们统筹课堂学习时更多针对的是各功能部门各级员工的共性部分，而且更多聚焦在非专业的部分，比如员工职业素养提升、管理与领导力提升。

在实际的工作中，往往这些共性的非专业部分会以一个又一个项目的形式出现，比如头雁计划、金鹰工程，或者远航训练营等。

而对于特别是中基层员工的专业能力提升则更多需要靠主管的辅导以及在工作的实践中获得。

同时，随着移动互联网时代的到来，以及"知识付费"概念的提出，大量网上学习平台纷纷涌现，各种音频、视频的线上学习课程越来越多，好像各类知识唾手可得。

但我想说的是，知识付费其实和小时候请班里的学霸代写作业的行为没有什么区别，有时买了书不等于读了书，听了音频不等于就会运用，知识付了费不等于拥有了知识。

网络上那句很流行的"懂得很多道理，却依然过不好这一生"放在本文有着异曲同工之妙，无论在线上或线下课堂获得了多少知识如果没有真正理解并实践转化，就只是知识，而不能转变为你的能力！

"未有知而不行者。知而不行，只是未知。"明代大儒王阳明诚不我欺也。

（2）自我学习 / 阅读

一位员工真正的成长，只能由自己负责，世上最荒谬的事情莫过于由企业一肩扛下发展员工的责任，真正应该承担这个责任的是员工自己。就像一句极富哲理的俗语"你可以把马牵到河边，却不能强迫马喝水"，除非它自己口渴想喝水。

奈飞公司[①]前首席人才官帕蒂·麦考德在写的书《奈飞文化手册》里说道:"我们在面试应聘者时,会直截了当地告诉对方,这里不是一家职业生涯管理公司,我们相信员工应该自己管理自己的职业生展。"

在大部分情形下,公司与员工是联盟伙伴关系,这种关系的最大特点是共赢。公司无法给员工终身雇佣的承诺,但公司愿意提供员工学习与发展的机会。当然,公司或团队的管理者可以用以身作则、创造氛围、引导兴趣、明确意义等方法提升下属自我成长的意愿。

(3)主管以身作则以及日常辅导

好的管理者应该是一位好的教练,既要以身作则影响员工,又要能手把手教员工,给员工建议,纠正员工行为,还要与员工建立信任,通过发人深省和富有想象力(创造性)的一对一沟通方式,最大限度地激发员工自己解决问题的能力,达成工作目标。

为什么管理者以身作则这么重要?因为你的行为和你默许的行为将决定下属的行为方式。

你期望下属对工作充满热情,最好自己先展示出对工作的热情;你期望下属求知欲强,最好自己先展示出求知欲;你对工作认真,你的下属就不敢懈怠;你利用投诉处理技巧巧妙地化解了客户的怒气,下属下次遇到类似情况时也会"模仿"你的做法。

职业生涯管理有一句俗语:"如果初入职场能遇上一个好上司,将会是你职业生涯的幸运",这里的所谓"幸运。"应该是指与上司一起工作可以学到很多宝贵的经验,对个人未来的成长影响很大。

除了以身作则外,主管在日常工作中还需要经常辅导下属。这样做有什么好处?这里我引用《金刚经》里的一句话:"修行的人,听诵者得一分,讲经者得六分。"

辅导下属是一件利人利己的事情。传授知识给他人的过程,本质上是考验管理

---

① Netflix,流媒体视频巨头。

者对知识的理解程度，只有真正理解了，方能转换成自己的语言进行有效输出。

所以我一直坚定地认为，公司每一位管理者都应该是一名优秀的内部培训师。

（4）导师／师父带徒弟／结对子

帮助员工成长，除了上司的以身作则、日常辅导外，还可以充分利用团队中资深员工的力量，以师父带徒弟或结对子的形式快速帮助新员工成长。

这种形式的好处在于过程中师父可以直接传授自己的经验及技能给新员工，效果比课堂学习更直接；同时对于一些需要操作设备的工种，师父全程指导，能有效避免损坏设备以及造成人身安全事故；同时师父除了传授经验与技能外，还是新员工在新环境中的引路人，能帮助新员工快速、稳定地度过适应期。而在这个过程中，师父得到的尊重与团队里的自豪感也是对师父们最好的一种肯定。

在一些企业里，人力资源部门还会引入导师制度，邀请公司的高管以及资深经理们来担任公司储备干部的导师，通过定期的见面沟通，把自己的工作经验甚至职场人生体悟分享给这些公司的后备力量，加快公司的人才成长。

（5）参观标杆，学习他人的好方法及好做法

英文里有一句话："The best way to learn is to learn from the best。"意思是说"最好的学习方法是向最好的学习"。

毛泽东在 1948 年发表的《对晋绥日报编辑人员的谈话》中也曾说过："把别人的经验变成自己的，他的本领就大了。"

如果一家公司足够大，分公司或分支机构足够多，每个分支机构在经营与管理方面都有一些创新经验值得借鉴，那么公司内部的主题考察与交流，本身就是一种有效的学习方式。同时如果有机会到同行业里的标杆企业，甚至到全国性的标杆性企业实地参观学习，那更是一不可多得的学习机会。

参观学习标杆后，一般不用管理者过多强调，团队成员都会自觉主动地用参观学习到的内容去改进现有的方法及流程。

其原因用完形心理学（也叫格式塔心理学）的说法就是：人生的过程就是追求

一个又一个完形，每个人都倾向去完成未完成的事件。

当人们看到更高的标准，更高的要求时，对当下未完成的，会不由自主地想去追求圆满。

（6）工作实践

任何事情只有通过亲自尝试，才能真正地认识、理解、掌握，再好的理论也要结合实际情况方能找到最大效用。

俗语说得好：光说不练假把式，站在岸上永远学不会游泳。从经验中学习则是工作实践的核心。

1927 年 9 月毛泽东在湖南领导收秋起义。起义军在进攻长沙时，遭到数倍敌人的围攻，损失惨重。毛泽东当机立断，率部队向井冈山进军，创建了中国革命史上第一个农村革命根据地。

井冈山革命根据地建立的意义在于：点燃了"工农武装割据"的星星之火，为中国革命的中心工作开始从城市到农村的伟大战略转移，走上农村包围城市最后夺取城市的新道路。

真可谓实践出真知！

正是因为培训界意识到工作实践在员工成长中的真正价值，行动学习的概念开始被引入企业，行动学习是由英国管理思想家雷格·瑞文斯最早提出，指的是一群学习者以组织或团队面临的实际工作问题为载体组成一个团队，团队成员在解决问题的过程中通过各种方式学习，从而达到能力提升的目的。

（7）扩大或丰富工作内容

工作扩大化是指工作范围的扩大或工作多样性，使员工的工作内容和工作强度增加。这种方式提高员工工作兴趣，同时也要求员工掌握更多的知识和技能，以达到能力提升。

比如在传统生产线上，每个员工每天都是完成同一项工作任务，周而复始，而通过生产工序的流程改善，员工要承担两三个工序步骤的工作任务，达到提高员工工作兴趣以及能力提升的目的。

工作丰富化是指纵向深化工作，赋予员工更多的责任、自主权和控制权，通过让员工更加完整、更加有责任心的去工作，使员工得到工作本身的激励和成就感。

要做到工作丰富化，最重要的是管理者要懂得适当放权，同时可以举办一些活动，让员工之间相互竞争，促进绩效提升；或者让大家聚在一起头脑风暴，共同解决团队工作上的困难，让员工有参与感，同时丰富员工对团队工作的认知，形成良好团队互动效果，以此提升员工能力。

（8）轮岗或调岗机会

轮岗或调岗是指让员工离开原来的工作岗位，到新的工作岗位上迎接新的挑战。

轮岗或调岗帮助员工成长，也符合波士顿经验曲线的说法。

波士顿经验曲线是波士顿咨询公司的布鲁斯·亨得森提出的，也称经验学习曲线、改善曲线。意思是说，如果一项生产任务被多次反复执行，它的生产成本将会随之降低。原因是当个体或组织在一项任务里的经验越多，效率通常会变得更高。

但波士顿经验曲线也表明，到了一定阶段后，效率的提升就不那么明显了。体现在实际的工作中，如果一个人在同一岗位工作了 3 ～ 5 年，这时他在这个岗位的经验会达到最佳状态，其效率也会达到最高（这也解释了为什么在许多公司的招聘广告上会写上 3 ～ 5 年的工作经验的原因），但如果继续做同样的事，很可能就停滞不前了，就只能维持在原有水平。

在很多企业里，都会有一项政策，对于一些关键岗位及高潜人才，当暂时没有纵向晋升机会时，每隔 3 ～ 5 年会轮调其岗位，一方面横向拓展其任务边界，另一方面保持高潜人才工作的新鲜度以及挑战度更有利于人才的培养。

**3. 八种方法有机结合、灵活运用**

前面我们介绍了在团队里如何快速帮助员工成长的八种有效方法，把它总结起来就是：让员工从工作历练中学习（方法 6 ～ 8），从人际互动中学习（方法 3 ～ 5），从课堂培训学习或自我学习（方法 1 ～ 2）。

同时管理者还需要针对不同个体，不同情况把各种方法有机结合起来，做到因材施教。管理者比较了解自己员工的个性、能力和工作状况，没人比管理者更能切中要害地确定有效的成长方式。

"山积而高，泽积而长"团队里的员工成长非一日之功，培养人的事情更需要管理者日复一日，年复一年地耕耘，只有这样员工才能茁壮成长！

团队管理中经常听到这样一句话："一头绵羊带领的一群狮子却敌不过一头狮子带领的一群绵羊。"而我认为"一头狮子带领的一群狮子"才是真正战斗值爆棚的团队。

帮助员工从"人材"到"人财"，让每一位员工成为一头狮子，是管理者永远也无法停下来的工作。

# 五、管理者辅导一：言传身教三步法

前面我们谈到管理者的辅导是员工成长的一种有效方法。教会员工，上级轻松。你和下属，就像是师父带徒弟，你比下属有经验，你就要去指导他们，这样团队战斗力值才能暴增。接下来的内容我们会着重讲管理者日常工作中辅导员工的三种方法。

## 1. 言传身教在工作中的真正价值

言传身教，顾名思义，就是管理者手把手地教下属相应的工作技能。

为什么员工需要管理者手把手教，而不直接把写得很清楚的操作流程手册或说明书直接发给员工看？

关于这个话题，许多年前的一次课堂活动让我印象深刻。

课堂活动第一轮，培训老师给每一位学员分发一张"如何用 A4 纸折纸杯"的操作步骤和流程图，上面把折纸杯的操作流程写得非常清楚，甚至还有示意图。然后培训老师要求每一位学员按操作步骤和流程图迅速学习相关的操作，并开始尝试折纸杯，时间是三分钟，结束后看全体学员能折出多少个纸杯。

第一轮很遗憾，只有零星的几个学员折出了几个纸杯而已。

课堂第二轮，培训老师边讲解边示范每一个步骤，学员边做边学，过程中如有疑问随时提问。并且培训老师还让先学会的学员教同组的其他学员，直至每一位学员都会。此时还是三分钟时间，但这一轮全体学员可以折上百个纸杯。

总结时，培训老师问为什么第一轮只能折出几个纸杯，而第二轮却能折出上百个纸杯？

学员几乎异口同声回答："因为第二轮有老师教。"

各位管理者们，千万不要以为将一本写得非常清楚的操作说明书或手册给你的员工，他们就能快速上手工作。请记住，你认为的"非常清楚"并不等于他人能非常清楚，因为每个人对事物的理解有可能不一样。

还记得第一章管理者常见心智模式之"凡事应该如此"管理者常犯的错误：操作说明书 / 手册已经写得很清楚，员工应该知道该如何做了。

亲爱的管理者们，你认为的"应该"不一定就应该出现！

## 2. 言传身教三步动作

在日常工作中管理者如何对下属言传身教呢？也很简单，三个步骤。

第一步，说给他听，做给他看

其要求就是说得清楚，演示得明白。

"说给他听"这一步的关键是把事情交代清楚：是什么、为什么、怎么做。"是什么"是指接下来要做的是什么事；"为什么"是指这件事对公司或对个人的意义是什么，重要性有多大；"怎么做"是指接下来怎么操作。

以培训老师折纸杯的活动为例，培训老师可以这么说："大家好，今天大家一起来学习如何把 A4 纸折成纸杯，这个技能帮助大家在没有杯子的情况下用纸装水，同时也可以回去向家里的小朋友们传授一种折纸方法。接下来我把步骤跟大家说一下。"

你看，如何把事情交代清楚包含了三个重要因素：是什么、为什么、怎么做。

接下来，还需要亲自示范。对于稍微复杂一些的任务，在员工刚接触的时候，还需要边示范边把动作的要点讲给大家听。

这里需要特别注意的是，示范的关键是确保员工看得清楚、学得到，所以要严格遵守流程和步骤，不要让员工从一开始就学到不良的工作操作习惯。

示范还有另一层意义，即让管理者对一线工作保持敏感与接触，很多时候只有自己去做，才会看到问题在哪，才知道怎么优化流程，同时也更容易与下属建立信任关系。

第二步，让他做做看，让他说说看

示范完还需要让员工演练一遍，同时让员工总结一下要点。

当员工在演练时，管理者要在他身边观察，在这个过程中，管理者切记不要打断他们。此时管理者需要做的，是记录下问题，到下一步时再反馈。而且在演练时员工失败并非坏事，有时摔个跟头才能记得牢。

当员工演练完后，还要让员工总结以及复述一下操作要点，这样可以让员工对刚才的操作印象更深刻。

在快速消费品饮料行业里，销售业务人员按要求进行线路的客户拜访并获取订单是公司生意的主要来源。但销售业务人员在日常跑线过程中，通常会面临各式各样的问题，比如今天门店经理不高兴，经理不在门店，经理对公司新品不了解，经理认为公司产品价格过高等。如何帮助这些销售业务人员应对这些问题？只能通过事先演练。只有当销售业务人员学会话术沟通，方能在拜访线路客户时从容面对市场各种复杂情况。

在可口可乐的中国装瓶厂，甚至还会在公司内部建立针对不同渠道的演练室，比如食杂店、餐饮店、连锁超市、网吧等，销售业务人员只有在这些地方充分演练并考试合格才能真正开始客户拜访工作。

第三步，给他反馈，回头再看看

观察了之后，管理者要针对员工的完成情况，进行反馈，把过程中做得好的地方与不足之处一一阐述。

同时，别忘记了跟员工约定下一次的跟进时间，也就是所说的"回头再看看"。比如你可以说："刚才你的客户拜访动作要领及流程很到位，你就这样继续进行之后的客户拜访，我下午三点左右会再与你汇合。"这样可以给员工一个明确的信息：你会持续跟踪检查他的工作。

### 3. 言传身教四个注意事项

管理者进行言传身教三步法时，还需要注意以下四个事项：

（1）在教辅导员工时，管理者一定要先做好准备工作，比如一位销售经理在辅导其销售员工时，要先确认这位业务人员的客户有几位，客户的基本情况如何，在拜访客户时可能会出现的问题，你打算今天重点教员工什么销售要领，有哪些是销售员工需要提前准备的等。

（2）你自己要有高标准去完成示范的工作，这样你的员工才能从中学到好的东西和标准，并"复制"到大脑里，如果你的示范标准不高，那么你带的"徒弟"水平可能也会很糟糕，甚至误人子弟。

（3）辅导要做到"机会均等"，要照顾到每位员工的成长需求，做到因材施教。

（4）言传身教也不只运用在工作中，事实上工作之外力所能及对员工的生活和思想上的辅导与帮助，对于整个团队的凝聚力以及向心力是非常有帮助的。

# 六、管理者辅导二：正向肯定 BET 法及问题纠正四步骤

上一节管理者言传身教辅导三步法，主要针对员工工作技能还未掌握或尚不熟练的情形。

在日常工作中，如果员工工作有做得不错或有需要纠正的情况该怎么办？此时，管理者可以运用正向肯定以及问题纠正四步骤两种辅导方法。

## 1. 正向肯定 BET 法

人们总是喜欢被表扬，被肯定，被欣赏。

戴尔·卡耐基曾说："人性最大的渴望就是得到赞美和肯定。"赞美与肯定对他人有着一种神奇的力量，它是人的自尊需求，是一种正常的心理需要。

当人们经常得到肯定时，就会明白自身的价值获得了认同，从而增强自尊心、自信心。对于管理者而言，在适当的场合真诚地表扬、肯定员工会激发他们对当前工作的成就感和认同感，并帮助他们充分发挥潜力，有利于提升团队的凝聚力和战斗力。

据我观察，当员工的工作表现超出预期时，许多管理者会说："Well Done（很棒）""你工作完成得很好"，或者是"领导非常满意，继续加油"之类表扬的话。

不能说不对，但不完整，无法把肯定员工的作用最大化。

这里给管理者介绍一个肯定员工的 BET 法则，它是由三个英文单词的首字母组成，具体操作如图 4-4 所示。

| 正向肯定BET法 | |
|---|---|
| B=行为 (Behavior) | 肯定员工的具体行为 |
| E=影响 (Effect) | 解释行为对公司、团队及个人的意义 |
| T=感谢及鼓励 (Thank You) | 让员工知道你欣赏他们的工作并感谢 |

图 4-4　正向肯定 BET 法

第一步，肯定员工的具体行为

在肯定员工时要说出一些具体而明确的事情。例如，员工取得的工作成绩，为完成任务、克服困难而付出的努力与心血，又或者"这个月的销售收入完成110%""今年年会的节目编排得很新颖，特别是'员工时装秀'这个节目就很有创意"等等，而不是空泛、含糊的用词，比如"你很棒""做得很好"之类的。

第二步，说出此行为的具体影响

这一点是许多管理者在肯定员工时会忽略的。管理者不仅要说出表现好的具体行为，还要把事情对公司、团队或者个人的意义说出来，让员工认识到行为真正的价值，以升华员工的工作行为。

第三步，真诚地感谢及鼓励

面对员工的优点和取得的成绩，管理者在肯定员工时的言语、声音、语气、肢体语言都会被员工感受到，因此发自内心、满怀热情与真诚地感谢与鼓励员工能更好激起员工的工作热情与干劲，达到肯定员工的效果。

当然，肯定员工一定要及时，错过时机的肯定等于没有肯定，许多管理者喜欢等到事后再肯定，而最好的时机就是现场及时的肯定。

最后，列举两种肯定员工方式的对比，大家看看哪种更好。

"小李，你昨天的安排真棒。"

"小李，你昨天的安排真棒，根据会议进程随时协调车辆，这样一来给与会者节省了一个半小时的时间，大家对会议举办方的反馈很好，谢谢你！"

## 2. 问题纠正四步骤

当管理者发现员工在日常工作中有一些行为未达到标准和规范要求，而且这些行为是员工可控的，那么管理者可以按照问题纠正四步骤进行员工辅导与反馈。

第一步，用 STAR 模型，有效对发现的问题进行阐述

背景（Situation）/ 任务（Task）：在什么情况下，员工做什么任务；

行动（Action）：员工当时的具体行为是什么；

结果（Result）：行为所带来的结果。

举一个饮料行业销售经理用 STAR 模型辅导业务代表的例子：

"小李，刚才在老王自选超市整理冰箱时（S/T），我发现你没有注意产品的生产日期，没有按我们的操作标准把生产日期较早的产品放在冰箱较外侧（A）。消费者总是打开冰箱就拿前面的产品，久而久之在内侧的货就不会被拿走，容易造成过期（R）。"

用 STAR 模型阐述发现的问题的好处是逻辑很清楚，而且这些行为不存在异议和争执，是就是，不是就不是，无须双方讨论。

管理者在阐述员工行为时要特别注意，一定要基于客观事实，而不是泛泛所指，比如"你的态度太糟糕了""你怎么这么笨，这么简单的报表都不会做"要做到对事不对人。员工本身没有对错，但员工的"行为"有对错。

你可以对员工说："我注意到你上周迟到了三次。"这是对"事"。

但当你对员工说："你这个人怎么一点时间观念都没有，最近老是迟到。"这就是对"人"，因为你给员工贴上"没有时间观念"的标签。

再举一个例子，你对员工说："小李，这个任务我们约定是上个月底完成的，但时间已经过去了，你预计什么时候可以完成？"这是对"事"。

不建议你说："小李，你这人怎么这么没诚信，说好是上月底交报告的，到现在都还没给我。你到底什么时候能够完成呀？"这是对"人"。

如何做到尽可能基于客观事实？我的建议是：在阐述行为时尽量列举真实的数据（时间、数据、质量），不用"总是""经常""很少""从不"等这种带有主观评语的词语。

最后，也想回答读者心中的一个困惑：为什么有些管理者在谈话时喜欢给员工贴标签？

这是因为给人贴标签是节省能量的一种方式。就类似"上海人很精明""东北人很豪爽"一样，让你很快对这两个地方的人建立了概念性认知。

第二步，表达你的感受，以及你对员工有什么样的改善期望

阐述完你发现的问题后，接下来你可以把你的感受、要求、建议和期望表达出来。

还是上述销售经理辅导业务代表的例子，销售经理可以这么说："在入职培训时，客户拜访步骤里就有执行产品陈列这一步，包括了冰箱产品的陈列，我期望你在拜访下一家客户时可以按步骤的标准进行。"

第三步，倾听员工的看法，从员工的角度看问题

还接着上述的例子。

"小李，你自己怎么看？"管理者要给员工表达的机会。

"是的经理，刚才在老王自选超市因产品品类较多，就急着下订单，结果就忘了货龄陈列这事了，下一家我一定注意。"业务代表回答道。

注意此处倾听员工的看法，让员工有机会表达或解释没按标准做的原因。当然，这并不意味着这个问题有讨论的空间或者代表管理者愿意放弃对工作标准的要求。

给员工表达的机会有两个目的：

① 避免管理者一言堂现象，辅导的目的是让员工改善与提高，而不是为了批评与责备。让员工有机会表达，表示这件事是双方一起沟通承诺的，而不仅仅是管理者的命令。

② 让双方有互动的机会，你也可以告诉对方，你对他们仍有信心，以此增进彼此间的信任，为接下的辅导工作打下基础。

第四步，确定下一步的做法，以及跟踪确认的时间

"我明白了，好的，我们在下一家就按公司所要求的拜访步骤进行，你可特别注意冰柜产品陈列的问题"。

管理者此时别忘记了再次确认下一步行动以及跟踪的要求。至此，问题纠正四步骤的辅导过程到此结束。

### 3. 三明治谈话法则：正向肯定 BET 法和问题纠正四步骤有机结合

当员工的工作超出标准及规范要求时管理者可以用正向肯定的 BET 辅导方法，当员工行为未达到标准和规范要求时，管理者可以用问题纠正四步骤辅导方法。如果两者结合起来，就是大家常说的三明治谈话法则：先对员工工作进行肯定，然后指出问题、提出改进方案，最后给予鼓励以及支持。

三明治谈话法则，就像生活中三明治这种中间夹馅儿的食物一样，上下是两层肯定与鼓励，中间夹着需要改进的地方。

我们先看一下案例：

"小李，上个月你在培训计划编制、培训工作组织、培训档案管理等方面做得不错，不但按照标准完成了工作，而且还做了不少创新，比如在培训组织工作中提出扫码签到的建议并实施，这对我们公司的培训管理起到了很大的帮助作用，值得提倡。

同时，我也发现了一些需要改进的地方，比如在培训效果评估方面，我发现上个月的培训课程没有做效果评估，同时也没有学员的行动计划，这样就容易使培训流于形式，不利于员工素质的提升。我期望我们能在每一次培训课程后可以立即进行效果评估，并在下一次培训课程中得到改善。我想听听你对这个问题的看法。"

"经理，是的，我知道培训后的效果评估以及行动计划是学习有效落实的方法，上个月因为我们主要是线上学习，学员都很分散，所以就没有跟踪，以后我会注意。我想我们可不可以把效果评估及行动计划也放在线上课程的最后部分，这样就不会遗漏了。"

"嗯，这个建议听起来不错，那么我们在下一次培训课程后就立即执行？"

"好的，经理，我会及时完成的。"

"加油！"

这个辅导案例就是三明治法则，它主要有以下几个动作要领：

（1）先用 BET 法则肯定员工做得好的地方。

（2）使用"同时"，作为要谈到纠正问题的部分，好处是肯定归肯定，改善归改善，它们是平行关系。如果使用了"但是"，它们就是转折关系，员工会有抵触心理，因为你想说的重点是"但是"后的内容嘛。

（3）按问题纠正四步骤纠正员工的行为。

正向肯定、问题纠正四步骤，或者是三明治法则，可以单独运用，也可以组合运用，关键取决于当时的场合与情境。

# 七、管理者辅导三：教练员工——GROW 模型运用

## 1. 教练在企业里的运用历程

在谈教练员工这个话题前，我先引用一段关于教练技术的由来。

教练这一用语，最初源自体育界。大家都知道竞技项目的运动员，包括顶尖的 NBA 球星、网球手、高尔夫球手都有教练。教练的作用在于帮助运动员提高技能、磨炼技术、制定重大赛事的行动战略，教练是运动员们夺冠军、拿金牌的重要支持者。

在 20 世纪 80 年代，教练的概念开始被引入到企业管理领域，企业教练也就应运而生。企业教练技术的起源颇有传奇色彩。主角是一位叫添·高威的美国人，是他率先将教练技术引入企业界。

1971 年，添·高威从海军退役后在暑期开设了网球和滑雪训练课程，他除了亲自授课外还分别聘请了几名网球和滑雪教练来授课。当时有个网球教练因故不能来授课，添·高威于是决定调用一名滑雪教练来教打网球。可是那位滑雪教练偏偏不会打网球，添·高威对滑雪教练说："你只要教他们把注意的焦点集中在网球上，千万不要给他们做示范动作。"滑雪教练依计行事。一个月后，添·高威惊奇地发现滑雪教练教授的学员普遍比正式的网球教练所教授的学员进步快！

于是添·高威对这个有趣的现象进行了一番深入的研究，他发现：传统网球教练训练的主要方式是教练做示范动作，学员模仿动作，教练纠正学员的错误。很多学员把注意力都集中在自己的动作是否规范上了，而当球飞过来时手忙脚乱。

而滑雪教练因不会打网球，所以无法做示范，只好要求学员把注意力集中在网球上，而对学员击球的动作没有特别的规定，同时对学员提出一些开放式的问题。例如，你的身体如何调整才能接住飞来的网球呢？等等。由于学员把注意力集中在网球上而不是自己的动作是否标准上，他们竟然自动调整了动作并接住飞过来的网球。

事实上，添·高威发现，当教练发现学员的错误并提出建议来纠正他的时候，学员的表现反而降低，假如他放松，脑海里有了优良表现的想象，身体有了感觉，那么他的表现就会改善，在没有意识到自己有问题的情况下不自觉地改正了错误。添·高威由此还出版了一本书《网球的内在诀窍》。当时，没有人信他的话。后来，ABC 广播公司以"质疑者"身份出现，他们将 20 个根本不会打网球的人作为试验者，要求添·高威教他们学会打网球，并现场转播，最后添·高威成功了。

添·高威说："我并没有教他们打网球的技巧，我只是帮助他们克服了自己不会打球的固有意识，他们的心态经历了'不会'到'会'的转变。就是这么简单。"

几天后，AT&T 公司的副总经理麦吉尔突然出现在添·高威面前，希望他为公司的市场销售人员上一堂网球课。添高威坦诚地表示自己对企业内部管理一无所知，但他答应可以把销售人员当作运动员来看，把公司客户当作网球来对待。结果课程结束后，他发现销售经理们的笔记本上没有任何与网球有关的字眼，反而满篇都是企业管理的内容——AT&T 的管理者们已经将运动场上的教练方式转移到企业管理上。于是，一种崭新的管理技术——"教练技术"诞生了！

从这以后，体育教练添·高威频频出现在 AT&T、IBM、通用电器、苹果电脑、可口可乐、南加州大学、福特、日本丰田等巨型企业里。在随后的 20 多年里，添·高威从一个体育教练转型为一个企业教练。他的著作《网球的内在诀窍》被誉为全球经典之作，它对运动心理学领域的出现及商业中教练的引入起到了重要的引导作用。

## 2. 成为一名教练型管理者

那管理者为什么要成为一名教练型的管理者？

许多管理者在日常工作中，对自己领域里的业务流程或工艺操作方法非常熟悉，而且拥有很丰富的经验。所以当下属遇到工作中的问题时，管理者们本能地、习惯地、也很乐意地为下属提供答案，一方面可以快速地解决问题、节约时间和提升效率；另一方面，自己也很有成就感，一天下来颇有指挥千军万马的感觉。

但如果长期都是给答案的模式，一方面管理者会越来越累，也会让下属们产生依赖心理，这会导致你每天身上的"问题猴子"越来越多，慢慢你就成了"救火专家"，而没有时间处理你真正需要思考的东西；另一方面，你的下属能不消耗能量就不消耗能量，于是开始停止成长，停止思考，慢慢成为你团队里的"木偶"队员：你动一下，下属就动一下，你不动，下属就不动。

俗话说："授之以鱼，不如授之以渔。"管理者在日常工作中除了言传身教，帮助员工提升技能，正向肯定员工，以及发现问题及时纠正员工外，还要把自己摆在教练的位置，通过有效对话引发下属思考，令下属能通过深入思考找到解决问题的答案，从而激发员工的工作热情，有效地帮助员工成长，最终一起夺取团队目标。

## 3. 最经典的 GROW 教练模型

管理者如何引发员工思考呢？我们先看以下案例：

背景：明辉是一家中型建筑管理公司的专业工程师。他的直接领导是项目经理李明。

明辉：下午好，李经理。我可以耽误你点时间吗？

李明：没问题，可是我马上要出差去北京，只有几分钟的时间。如果需要较长时间的话，可以等我回来后再约见，或我从北京打电话给你？

明辉：好的，情况是这样的。我们的工作项目遇到了一些问题。

李明：是什么情况，说来听听。

明辉：××项目进度落后了，我不知道怎么做才能赶上进度。

李明：哦，那是什么原因呢？

明辉：我们把框架已经搭起来了，地基也浇注了，但是在铺设电线和管路系统时遇到了问题。我认为问题出在负责这项工作的工人身上，他们的技术熟练程度不高，我不太肯定应该怎么做，或许我们应该与承包商讨论撤换掉一些工人。

李明：明辉，你的建议听起来是个不错的解决办法，但你认为它能真正解决问题吗？如果不是太有效，还有没什么其他办法？

明辉：我想首先应该从分承包商的工人开始，就是从那些铺设电线和管路系统的工人开始，给他们相应的训练，提高他们的技能，看进度能不能赶上。如果这样不能解决问题，那么，我们应找总承包商讨论换一批技术更好的工人。我想这样做也许行得通，但我想知道你的意见。

李明：很好的想法，你可以试试，在我出差期间保持联络，如果你的办法没有作用，在我回来后，我们再碰头讨论下一步该怎么做。但你可以先按你的解决方案行动。

明辉：好的，经理。我马上去做。谢谢你的指点，我想我知道该如何去做了。

在这个案例中，李明经理并没有立即给出答案，而是像教练一样通过提问、倾听来了解问题，问明原因，并启发下属思考并寻找最合适的解决方案，最后推动员工去行动。它有以下三个好处：

（1）不直接给答案（或者管理者暂时也没想到好的方法），而是迫使下属去思考，久而久之，下属在找你解决问题时知道你会问他解决方案，他就不得不要事先去思考，从而达到培养下属的目的。职场里有一句话，"聪明的下级不会把问题给上级，而是把答案的选择权给上级。"说的就是这个道理。

（2）激发员工的自主权，解决方案是员工自己想出的（当然是你同意并要为之承担责任的），自然在随后的行动中会为之加倍努力去完善执行。

（3）管理者与员工的分工会越来越清晰、越来越默契，有助于整个团队执行力的提高。

事实上案例中李明用这个辅导方法，就是教练中用得最多的 GROW 模型，也叫"成长模型"，它是促进员工成长的一种有效辅导工具。

GROW 模型是约翰·惠特默博士在他的《高绩效教练》一书中提出的，现已成为企业教练领域应用最广泛、知名度最高的模型之一。GROW 模型是由实际操作的四个步骤组成，每个步骤的英文单词首字母组成了 GROW 这个词，如图 4-5 所示。

图 4-5　GROW 模型

Goal：需要讨论的主题以及期望达到的目标。

Reality：当前现状怎么样？包括与目标相关的各种要素和资源

Option：达成目标的可供选择方案有哪些？

Way Forward：具体行动计划如何？

用一个生活中的例子展示一下 GROW 四步流程的运用过程。

"你想什么时候去哪里旅游？"

"十二月，日本京都"　　　　　　　　　　——Goal 目标

"你住哪里？计划从哪里出发？"

"上海" ——Reality 现实

"你准备怎么去？"

"飞机或者邮轮，我期望是邮轮。" ——Option 可选方案

"什么时间开始准备？"

"十月就开始与旅行社接洽。" ——Way Forward 行动

这个简单的生活对话只是讨论旅游事宜，当然还可以具体到行程、价格、安排等，方法都是一样的。

GROW 模型给出了一个非常简单、又极其常见的方法：从现状到目标，如何选择路径，通过行动去达成！

我们再看一个工作上用 GROW 模型帮助员工解决顾虑和担忧的案例：

小李虽然到公司的时间不长，但因出色的工作业绩和良好的人际关系获得大家的一致好评。部门刚好有主管的岗位空缺，经理决定提拔他成为主管。接到晋升通知时，小李既高兴，同时又担心自己带不好团队，他将这个担心告诉了经理。

小李："经理，谢谢你的认可与提拔。可是以前我把自己的业务做好就可以，现在要带人了，我担心自己做不好。"

经理："我理解你的心情，你以后的职业目标是什么？"

小王："当然是成为一名像你一样厉害的部门经理。"

经理："那这次晋升对你的目标实现有没有帮助？"

小李："当然有。"

经理："那你还担心什么？"

小李："因为我来公司还不到一年时间，这么快就被提拔到主管岗位，怕老员工有看法，而且我自己学历也不高。"

经理："你是担心别人有看法呢，还是担心不能胜任？"

小李："都有。"

经理："那么，你的担心能消除别人的看法或者让自己的学历提高吗？"

小节："不能。"

经理："你的担心能让自己胜任工作吗？"

小李："也不能。"

经理："那你觉得除了担心，当下可以做些什么？"

小李："与老员工多沟通，向您多请教。此外，通过自我学习和参加培训尽快提升自己的管理水平。"

经理："对呀，你入司时间那么短都可以取得很棒的成绩，就证明你有能力，相信你也会很快胜任主管这个角色的，加油！"

经理在这个过程中不断地提问题、倾听，帮助小李区分"担心"与"目标"的关联度，同时积极地给予回应。通过与小李的这次有效辅导，不仅消除了小李的担心，还帮助他找到了解决方案。

经理并没有告诉小李应该做什么，而是通过 GROW 模型明确目标、分析现状、寻找解决方案，推动行动意愿四步骤来激发小李自己找出答案并行动。

### 4. 区分能力——教练型管理者必须掌握的基本功

GROW 工具是企业管理者辅导员工时使用频率较高的一种方法，但如果管理者要成为教练型管理者还需要学习更多有关教练的知识与技能，比如掌握更多的工具与模型，熟练运用发问、倾听、区分、回应这四项教练能力等。

管理者通往教练之路有一项基本功需要特别掌握：随时运用区分的能力。

对事物了解得越通透，区分能力就越强。我们常说的洞察力其实就是区分能力，它帮助人们看清自己的盲点，觉察自己内在的心智模式以及这些潜在的信念与价值观如何影响日常的选择和行为，进而帮助人们调整心态，创造新的可能。

在某个方面区分能力越强的人，就越可能成为该领域的佼佼者，因为他们更能看到一般人看不到的差别。举个例子：

老和尚携小和尚游方，途遇一条河。见一位女子正想过河，却又不敢过。老和尚便主动背该女子趟过了河，放下女子后，与小和尚继续赶路。过了一个多小时了，小和尚还在嘀咕："师父怎么了？竟敢背一女子过河。"最后终于忍不住了问："师父，你犯戒了？怎么背了女人？"老和尚叹道："我早已放下，你却还放不下！"

这个禅宗故事里老和尚就用了区分技巧：一个是在身体上放下，另一个是在心里放下。

但在我们现实工作中，许多人却无意中混淆了事物的门类，所以会产生困惑与疑义，而运用区分的教练辅导工具来帮助分辩事实以及厘清真相，正是教练型管理者最重要的价值之一。

比如区分"观点"与"事实"：

"北京是中国的首都。"——这是一个事实。

"北京很少见到蓝天白云，堵车太严重，不是一个宜居的城市。"——这是一个观点。

"今天气温达到35度。"——这是一个事实。

"今天太热了，简直快把人热死了。"——这是一个观点。

接下来，我们继续用四个案例帮助大家了解区分的运用：

【案例一】（继续用第一章第五节中的例子）

大区经理问办事处经理说："这个月进度滞后，如何加快进度？"

办事处经理回答说："经理，你知道的，现在经济不景气，各行业都很萧条，而且这个月一直下雨，唉！"

大区经理："那你可以改变经济、行业和天气吗？"

办事处经理回答说："不能。"

大区经理进一步问："那我们可以做些什么？"

在案例中，大区经理就像教练一样帮助办事处经理区分事情：

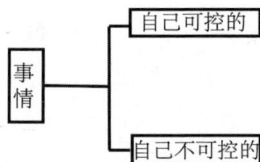

经济不景气、行业萧条、天一直下雨都属于不可控的事情，把注意力集中在不可控的事情上没有任何意义。

大区经理通过教练式沟通帮助办事处理经理把注意力集中在可控的事情上。

【案例二】

2019 年 5 月有一场非常有名的中美主持人辩论赛，即中国国际电视台主持人刘欣和美国福克斯商业频道主播翠西·里根就中美贸易战议题的一场隔空辩论。

翠西·里根咄咄逼人地问刘欣，你怎么看中国偷窃美国的"知识产权"这件事？

说句实话，在电视直播的情况下，这是一道很大也很难回答的问题。

这时，刘欣很巧妙地运用了"区分"能力来回答。

刘欣说："我承认，在中国是有一些公司侵犯知识产权的案例，但那都是公司的问题，而且世界上包括美国在内的很多国家的公司都出现过这样的问题，这些仅是个例，但你不能说美国公司偷了就是美国偷了，中国公司偷了就是中国偷了。"

刘欣解释道："中国社会对加强知识产权保护是有广泛共识的。"

中国公司≠中国，正如同美国公司≠美国，刘欣运用区分的力量把翠西的问题给破解了。

【案例三】

一位销售新人说他销售我们的产品不太成功。

于是，我就问他是如何销售的。

他说："我就是给客户介绍了产品以及特点，并给了资料。"

我听了后，给他做了一个区分："你只是做了产品说明，跟产品建立了联系，而不是销售，销售是建立与客户的关系。"

他回答说："我好像明白了。"

有时管理者只需要帮助员工区分清楚事情就能解决大部分问题。

【案例四】

会议上一名销售经理向销售总监抱怨市场跨区货[①]太多，搞乱市场，这个月的销量真的没法做了。

销售总监就问："你这个月的销售收入指标是多少？"

经理回答："一千万。"

销售总监问："你认为跨区货大约占比是多少？"

经理回答："占 3% ~ 4%。"

销售总监问："那跨区货对你这个月完成影响大吗？"

经理回答："不大。"

销售总监运用区分能力帮助销售经理厘清了工作的主次：跨区货当然要按公司流程追踪处理，但销售经理的主要任务还是按要求执行销售计划，不要因为一点影响因素乱了自己的阵脚。

当管理者能熟练运用 GROW 模型 + 区分技能，帮助员工区分目标、区分现状、区分方案、区分行动后，就可以更好地帮助员工激发潜能，真正帮助员工成长。

如果大家对区分还感兴趣，不妨练习区分一下这些词语：

爱 vs 喜欢

痛 vs 苦

勇敢 vs 大胆

坚持 vs 固执

管理者就是教练，目的是帮助更多的团队员工成为"金牌运动员"，通过成就他人来成就团队目标，同时成就自己。

期望每一位管理者都可以成为一名教练型管理者！

---

① 跨区货指其他区域的同款货物由非正规流入本区域。

图表 4-6 总结了传统管理者与教练型管理者的区别：

|  | 传统管理者 | 教练型管理者 |
|---|---|---|
| 方式 | 给指令 | 选方法 |
| 聚焦 | 是否听明白 | 不断提问题 |
| 过程 | 传达 | 探讨 |
| 作用 | 提供答案 | 启发思考 |
| 职责 | 监控/监管 | 引发/支持 |
| 执行过程 | 被动 | 主动 |

图 4-6 传统管理者与教练型管理者的区别

### 5. 随时反馈，像球队教练一样跟进团队绩效

传统的绩效管理会告诉我们，在一个绩效初期设定目标，然后在绩效周期中进行回顾，最后在绩效周期末对员工进行评估考核。当前很多企业的绩效管理就是这么设定的。

大谬也！

绩效管理本身并没有错，错就错在许多企业没搞明白绩效管理的内涵，错误地把绩效管理当成评分工具而非管理方法。

前面我们说过，帮助下属成长是经理们永远也无法停下来的工作，团队成员呈梯队成长，而在这个过程中，工作中的实践占据成长的首位，员工不断练习、不断尝试，他的上级不停辅导与帮助，方能把员工打造成"人财"，创造团队更佳绩效！

如果按传统绩效管理的方式，大概要半年时间上级才会给员工一对一的正式评估与反馈，可时间已经过去，事情已无法重来。最终，后果还是公司承担！

你必须在日常工作中，不断地正向肯定员工的行为；或者当绩效问题出现时，及时纠正员工的行为，这样员工更容易了解哪些行为做得不够好并需要立即改正；或者随时运用 GROW 方法帮助员工成长，最终使团队取得卓越绩效！

切记，在日常工作情况中，你无须等到改变你的员工后再进行问题纠正，你应

该让员工的行为按工作要求进行以达到应有的工作表现！

不用担心员工觉得你烦，对员工恰当的行为回馈是增加你与他们之间互相信任最好的方式之一，更何况大家都很清楚这是为了实现同一目标。

正如 NBA 赛季场上，教练坐在教练席上绝不会只在半场休息时才进行指导，而是随时在场外进行指导，根据员工场上的表现进行战略、战术甚至换人的调整，方能带领球队取得胜利，而且球员们对于教练这一行为完全理解与支持！

管理者不要沉迷于以评分为目的绩效管理，带领团队完成任务才是关键。以评分为目的的考核出不了业绩，管理者只有言传身教、正向肯定员工以及帮助员工纠正问题，同时不断教练辅导员工，团队方能产生业绩！

# 八、相信团队的力量，用人之长，补团队之短

## 1. 动力圈的启示：团队 1+1+1 远远大于 3

在我二十多年的职业生涯中，参加过十几次拓展训练，唯独有一个叫动力圈的团队活动让我印象深刻。

动力圈这个团队活动非常简单：团队成员坐地上围成一圈，双脚伸直合并，用脚后跟着地，每个人双手伸直握住活动绳，并将绳拉紧围成一个圆圈。拓展教练要求每个人拉紧绳逆时针转圈甩动，团队成员节奏越一致，绳子才能轮转得越快。

第一轮，拓展教练会设定目标，要求团队一分钟轮转一定的圈数。

这一轮活动结束后，大家开始感到这是一个强度大且辛苦的活动，手臂开始酸痛。

当第二轮拓展教练询问团队设定三分钟轮转目标时，由于已经感受到第一轮的活动强度，团队成员设定的目标值远远小于最终团队共同努力实现的圈数。

为什么？道理非常简单，每个人设定目标时，都是从自己对活动强度和辛苦程

度的感受出发,设定的是个人预计能完成的数次,而非团队能完成的次数。他们忽略了团队的力量,事实上团队配合得越默契、彼此之间不断加油鼓劲,完成的圈数会远远超出个人所设的目标!

任何组织间的竞争,通常不是看组织里某个人的厉害程度,而是整体团队表现出来的能力。

中国历史上秦灭之时,楚汉相争的对垒双方正是个人能力与团队能力之争。

项羽,起兵时 23 岁,楚国名将之后,力拔山兮气盖世,团队曾经拥有韩信、英布、彭越、陈平、范增,可谓人才济济。

刘邦,起兵时 48 岁,沛县一小亭长,手无缚鸡之力,团队成员各色各样都有,有杀猪的、有卖菜的、有提篮子的、有端盘子的。但玩到最后,刘邦却击杀西楚霸王项羽,赢得最终的楚汉之争。

为什么?项羽只会逞匹夫之勇,也不知厚待团队成员,导致成员纷纷离队。而刘邦却把团队的力量发挥到极致,连他自己在庆功宴上也说:"夫运筹策帷帐之中,决胜于千里之外,吾不如子房。镇国家,抚百姓,给馈饷,不绝粮道,吾不如萧何。连百万之军,战必胜,攻必取,吾不如韩信。此三者,皆人杰也,吾能用之,此吾所以取天下也。项羽有一范增而不能用,此其所以为我擒也。"

相信团队的力量,当能集众人之能时,就不是 1+1+1 等于 3,而是 1+1+1 远远大于 3。

加州的红杉,可谓世界上最高的植物,它的高度大约为 90 米,相当于 30 层楼高。按理说,它的根应该扎得很深,但红杉的根只是浅显地浮在地面,如刮起大风,树很容易被连根拔起。可红杉却生长的很好原来红杉从不单独生存,而是形成一大片红杉林,它们的根紧密相连,一棵连着一棵,就连飓风也无法撼动它们。

完形心理学(也叫格式塔心理学)里有一个观点是这样的:这个世界上大部分人都渴望完形(没有缺憾),请看下面这个图形:

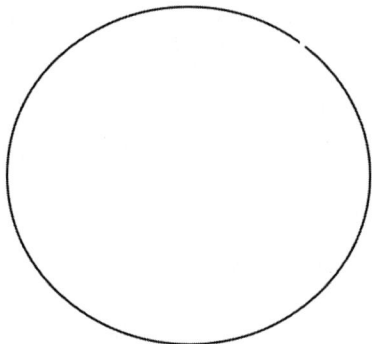

当看第一眼时，绝大多数的人都会回答："这是一个圆"，那是因为人们倾向补回缺口。

但是，按照圆的定义（在一个平面内，一动点以一定点为中心，以一定长度为距离旋转一周所形成的封闭曲线叫作圆）来看：它不是封闭曲线，所以并不能叫作圆。

完形心理学认为，人们天生倾向于去完成未完成的形式。

这就是为什么团队中用非物质奖励也可以激励员工的根本原因：每个人都倾向去完成未完成的形式，关键是管理者如何调动起来。

### 2. 发挥团队的力量：用人所长、补团队之短

前面第四章我们谈到培养下属是管理者永远也无法停下来的工作，你的员工会按新员工、受训员工、熟练员工、高效员工这样的次序成长，然而在实际工作中，并不一定所有的团队成员都是由你精心招聘挑选的。

那怎么办？此时如何把团队的力量发挥出来？

对于管理者来说，这时就需要用好当下每一位员工：用人之所长，补团队之所短。善于发现员工的优点并把员工放到合适的位置，同时把一群背景不同、性格各异的人整合为有战斗力的团队。

俗话说："一个好汉，三个帮；一个篱笆，三个桩。"在团队里，没有完美的

个人，只有完美的团队。尺有所短、寸有所长，每一个员工都有长处和短处、优点和缺点。有些人的短处，是和某些长处相伴而生的，是长处的一个侧面，所以管理者要赏长容短，用欣赏的眼光，从每个员工身上找到闪光之处，寻找员工身上的优势，并让他的优势在合适的位置得到最大程度的发挥。

《盖洛普优势识别器》里这么写到："人不可能事事皆行，但可以人尽其才。"

古人云："智者取其谋，愚者取其力，勇者取其威，怯者取其慎。"说的也是这个道理。

历史上有一个"房谋杜断"的成语典语，讲的就是唐太宗李世民用人之长的故事。

唐太宗有两位得力的下属房玄龄和杜如晦，他们同朝为相。

房玄龄擅长谋划，有许多精辟见解与治国之道，但缺乏整体思维，做决定时优柔寡断；杜如晦不善谋略却善于对别人的意见做出周密分析，在决策、判断方面胜人一筹。

于是，唐太宗将他们俩搭配在一起，两人互相配合，取长补短，堪称良相的典范，从而形成历史上著名的"房谋杜断"黄金组合。

当然，除了发挥下属的长处，管理者还应帮助下属认识自己的短处并接纳他的短处，并且运用团队的搭配弥补个人的劣势。

注意，我们说的补短指的是利用团队的合理搭配来补团队的短，并产生最佳效能，产生新的力量。补短，可以是"专业互补""知识互补""个性互补""年龄互补"等。就像西游记里的西天取经团队一样：唐僧是领导，有坚毅的方向感，但手无缚鸡之力；孙悟空是技术骨干，武艺高强，专职服妖除魔，但容易冲动，愤世嫉俗；猪八戒好吃懒做，会玩小心思，但沟通能力强，人际关系好，是团队的润滑剂；沙和尚拙嘴笨舌，不善言谈，但勤劳苦干，任劳任怨。这样一个团队，每个人都有缺点，而且很明显，但是他们组合在一起却又无比强大。

　　小时候，家里建瓦房砌地基时，砌墙师傅可以把各式各样的石头垒砌成一排整齐有序的墙基，在他眼里每一块石头都有用处，只是看用在哪里而已。人们常说：垃圾只是放错了地方的资源。人也是一样。武侠小说里真正的武林高手，无须倚天剑、屠龙刀，摘花飞叶也可伤人，此真高手也。

　　真正厉害的管理者也应像武林高手一样，用人所长、容人所短，和平凡的人一起做不平凡的事！

# 第五章

# 锦囊5：进攻，赋能
# 员工、激活个体

# 一、为什么网络游戏让人乐此不疲

### 1. 揭示游戏让人上瘾的秘密

大约在十几年前，网络游戏正当红时，为了体验传说中网络游戏的快感，我决定"以身试网"，选了当时最红的一款游戏《征途》，大约玩了一个多月的时间，投入了近五千元购买各种材料打造装备，最后退出时在上万人的服务器社区大约排五百名左右。后来到了移动互联网时代，也略有留意和体验如《王者荣耀》《绝地求生》之类的网络游戏。

出于职业的敏感度，我经常思考一件事情：如果一家公司可以让员工工作时也像玩游戏时一样专注，一样的爽，甚至无法自拔、自动上瘾，那该多好呀。这样的团队战斗力一定爆棚，在市场上一定所向披靡！

为什么网络游戏能让人乐此不疲？简·麦戈尼格尔在《游戏改变世界》一书中总结了四个关键点：

（1）网络游戏有一个明确的能让玩家努力达成的结果。

（2）为达成该目标设定规则，克服目标途中的阻碍。

（3）为成功克服阻碍提供奖励和反馈，并告诉玩家他们离目标还有多远。

（4）接受这一套目标、规则、反馈系统必须基于玩家的自愿参与，即他们是自愿接受这一挑战的。

### 2. 游戏与真实工作的差异

为什么公司大部分情况下做不到让员工工作上瘾？下面四点可以看到网络游戏与真实工作的区别：

（1）明确的目标

任何一款游戏目标都是非常明确的，比如打掉最大的 BOSS、取得战役的胜利、最后一统天下，或者成为全服务器的前 100 名以获更高的荣誉。像在《征途》里，有 10 个对立的国家终日混战不休，你一进入游戏就被分配到其中一个国家，你的等级越高，就有可能当上那个国家的国王。

而实际生活里，越来越细化的社会分工让工作的目标感变得渺小。对大多数人而言，工作目标可能是每天都是完成的各种任务，工作的意义感并没有体现出来。对个体而言，目标基本上都是以自我为中心的。例如，升职加薪，迎娶白富美。

同时，员工的工作任务与目标的联系度不够紧密，会受制于现实生活中非常多的因素，这也限制了员工对工作产生意义感，从而陷入只是为每月的薪水而工作，单调乏味。

游戏还可以满足在工作中得不到的征服感与成就感，比如一统天下，打败对手，当上国王等这些淋漓尽致地满足了玩家的内心需求，这种强烈的虚拟的意义会让人全身心投入、不知疲倦。

（2）清晰的规则

游戏的规则是明确、清晰、可控的。游戏中的每一步都可以用数据来量化，并且每个练习都是围绕这个目标而设计的刻意练习。比如可以预知打什么怪得多少经验值，多少经验值可以升一级，砍一刀掉多少血，一清二楚。这会让人很清楚地知道离目标还有多远。

人类进化过程中为了活下去就需要尽可能将周围环境维持在可控范围内。游戏中清晰的规则降低了不确定性，让玩家明确知道应该怎么做才能达到目的，极大地满足了人类进化的底层逻辑需求。

而工作的规则是模糊不可控的，虽然完成了工作任务，但对于最终的结果大多数岗位是不可控的，而且工作中做得多不一定升职快，也许一个懒散的同事升职比你快。心理学研究表明，不确定性、不可控感会让人焦虑、抓狂、烦躁。但工作中充满不可控因素，到底要做到什么程度才能增加经验值，并没有清晰的界线和标准。

（3）及时的反馈

游戏的反馈是及时的。你的经验值是否增加了，进攻或防御等属性是否增加，是否能进入下一关,系统会立即反馈。准确、及时、有意义的反馈可以让人们生动地看到自己努力的成果,让人们切实感受到自己对周围环境产生的影响。及时反馈就像鸡血,让人更积极地投入到活动中,激发出强烈的动机。

而工作的反馈是滞后的,即使许多公司的绩效管理规定上级与下级每半年或一年面谈一次,可许多管理者能不做就不做,更不用说当下属工作中搞定了一件有成就的事却只会来一句"做得很棒",行为和意义呢(BET 正向肯定员工法则)?工作中,如果不能及时看到自己的努力、成长、环境之间的联系(无论是好的与不好的),就如同漂泊在茫茫大海中看不到希望。

在员工的日常管理中,反馈太重要了。它可以让员工知道如何调整每一次的错误行为。就像 NBA 赛场上的教练,会根据场上的情况告诉球员哪里做得不对,接下来该怎么做一样。

管理者给员工的反馈需要像行车导航仪一样,当走错路时,立即反馈,并告诉你需要重新选择的路线,而不是等到错无可错、无路可走时才反馈给你。

(4)自愿参与

游戏是可以由玩家自由进退的,想多花点时间就多花时间,想什么时候进入就什么时候进入。自愿参与表明自己是认同这套游戏规则,对自己能在这套规则中取得成功有良好的预期。不同个性的玩家会根据自己的兴趣爱好选择即时游戏或角色扮演游戏,因此他们会主动接受这套规则,并沉迷其中乐此不疲。

我们在第一章第一节也说过,人们只会把能量用于两类事情上:让自己活下去以及做自己感兴趣的事情。游戏就属于自己感兴趣的事情。

相反,工作却不能那么任性。许多人工作的选择往往迫于生存以及社会、家庭的压力,是在不了解或不认同游戏规则的前提下参与进来的,这时工作的投入度自然就大打折扣。

### 3. 游戏让人上瘾的模型

我们常说的管理其实是一个脆弱的东西，它反自然（熵增定律①）、反人性（能不消耗能量就不消耗能量），除非这个人是发自内心喜欢。

明确的目标、清晰的规则、及时的反馈和自愿参与是游戏让人乐此不疲的四个关键原因。可以用一个模型如图 5-1 所示，它就像一个飞轮，让人不知疲倦地一关一关闯下去。

图 5-1　游戏让人上瘾模型图

各位管理者，游戏是玩家主动投入到一个能产生意义感的选择过程，在这一过程中体验了自我成长和成就感，并以此驱动前行。如果各位管理者能把网络游戏让人乐此不疲的要点用在工作中，还愁团队没有十足的战斗力？

如何借鉴游戏，赋能员工向前行，下面的章节将帮助你解开疑惑。

## 二、赋能员工的真实内涵及其六角模型

### 1. 外驱力"推"与内驱力"拉"

上一节，我们谈到如果管理者们能把游戏中让人乐此不疲的思维用在员工的身上，那团队的战斗力就爆棚了！事实上，这个过程就是如何调动员工积极性，如何

---

① 熵增定律：指在一个孤立系统里，如果没有外力做功，其总混乱度（熵）会不断增大。它揭示了所有生命和非生命的演化规律。

发挥员工主观能动性的过程。

而在工作中驱动员工向前行动主要有两种方法："推"与"拉"，并且需要"推"与"拉"交错有效运用。

"推"主要指的外在驱动力，即因外在环境刺激（奖励或惩罚措施）而产生的行为动力，即企业里常见的"胡萝卜 + 大棒"[①]方法，在这种情况下，员工是因为外在刺激去做事情的，被逼无奈、不得不做。当然它对于大部分为生存而去"上班"的员工有一定的刺激作用。

广为流传的 "鲇鱼效应"其实就是一种类似大棒的威胁、恐吓管理方法，给员工一种紧迫感，意思是如果你不动起来，就会被他人所取代。

企业从当下经营现状出发，偶尔营造紧迫感，传达市场环境的变化以及市场竞争的升级，让员工充分理解与感知到企业面临的问题与挑战，不失为一种有效的"推"的方法。就像当年任正非向全体员工发表《华为的冬天》这篇文章一样，给员工营造强烈的危机感，从而激发员工的生存斗志。

当然，紧迫感营造不宜经常用，要不然就变成"狼来了"的故事，员工习以为常，反而无效。

我们在第一章第一节"为什么大部分员工做不到一百分"中讲到，当员工只是为了活下去工作时，人类进化的底层逻辑就会起作用：能不消耗能量就尽量不消耗能量！在这种状态下，你很难期望员工表现出足够的积极性，释放出应有的潜能与激情，员工也难在工作上获得真正的快乐以及愉悦感。

"拉"更多指的是内在驱动力，是员工发自内心想去做的事情。当员工发自内心想要做某件事情时，就不会单纯的用报酬或者奖赏去衡量工作的意义，而是这个过程本身给员工带来了乐趣，或者挑战。

就如同有的人喜欢玩网络游戏，有的喜欢跑步，有的喜欢读历史书，是因为从

---

① "胡萝卜 + 大棒"通常指团队管理中奖励与惩罚并存的激励政策，是运用奖励和惩罚两种手段诱发人们所要求的行为。

中可以得到挑战或者快乐。就如有的人利用业余时间参加一些没有报酬的公益活动，那是因为从中可以发挥自我的价值。

当一个人内心想做一件事情时，他会把能量完全投入到这个活动中，而且在这个过程中能让人全神贯注地投入，物我两忘，忘记自己、忘记时间，做起事来毫不费力，发挥特别好，还充满愉悦感。著名积极心理学家米哈伊·西斯赞特米哈伊就用了一个新词"心流"（flow）来描述工作中的最佳状态。

1961 年，心理学家米哈里·西斯赞特米哈伊在研究画家是怎样工作时，他注意到一件奇怪的事：作画过程中，当作品画得越来越好的时候，画家好像感受不到劳累和饥渴，废寝忘食，沉浸其中。但当画作完成时，他们只会开心一小会儿，然后很快对这幅画失去兴趣，作画时的"幸福感"荡然无存。

后来，他花了 7 年的时间研究这一特殊的"幸福感"，并把这种精神状态称为"心流"。他将心流定义为一种将个人精神力完全投注在某种活动上的感觉。心流产生的同时会有高度的兴奋及充实感。

简单来说，当心流发生时，人们投注了全部精力，心无旁骛的，意念与行动因此得以完全协调，丝毫容不下无关的念头或情绪。人们处于这种情境时，往往不愿被打扰，即抗拒中断。此刻自我意识消失不见，时光飞逝而不觉，但幸福的感觉却比平日强烈，生命获得极致的发挥。

所以我们说工作不是问题的关键，问题的关键是管理者如何"拉"动员工，点燃他们内心的小火苗！

为了让读者更好理解外在驱动力的"推"与内在驱动力的"拉"的不同之处，以下用父母教育小朋友的例子，请读者判断以下父母的四种行为分别属于"推"还是"拉"：

第一题：一个小孩考试回来向父母汇报成绩，老爸听到后一巴掌就上去了："下次再给我丢人，我打死你。"

第二题：而当小孩流眼泪时，妈妈过来了："宝贝，别哭了，下次考好了，妈奖励你，咱去到长隆玩。"

第三题：一个小孩考试总是很优秀，家长会上，别的家长向小孩父亲取经，小孩父亲说："其实没什么，每天他写作业时，我在旁边看书。"

第四题：小明对历史、地理特别感兴趣，老师一了解，原来自小明上小学后，爸爸就利用寒暑假带他到祖国历史名胜深度自助游，小明开始逐渐对历史、地理感兴趣了。

### 2. 当下，"胡萝卜＋大棒"的效用正慢慢减弱

今天金钱等物质奖惩这些"推"的外在驱动力仍很重要，但绝不是唯一的方法。特别是对这些"95后"而言，他们中的许多人并不会为生存而有太多担心，其在社会上的选择空间与自由度会宽泛得多，此时工作不仅只是谋生手段，更多是通过工作获得一份体验感，一份契合个人价值观、满足个体成长需求的体验感。

作家丹尼尔·平克在其畅销书《驱动力》中提到："胡萝卜＋大棒"的驱动模式已被社会科学研究证明效用正慢慢减弱。

对于员工，不谈物质激励是愚民政策；但只谈物质激励则是害民政策。

物质奖惩就像一副特殊的眼镜，会让人只关注短期目标，忽视长期的方向，同时物质奖惩也像会上瘾的药物，一旦停药则立马会有戒断反应。

比如，某些汽车4S店给维修工KPI指标，谁的创收高，谁的奖金就高，结果导致维修工为了多收客户的钱，进行不必要的修理。事情曝光后，反而直接影响了4S店的生意与声誉。再比如，体育界有运动员为了取得更好的成绩，赚到更高的奖金，不惜服用兴奋剂，而且一旦服上，就很难戒断，因为成绩会迫使他们服用剂量更大的兴奋剂。

只会用奖金等物质形式激励员工的企业无疑是失败的，因为员工每多做一件事都是为了得到奖金作为回报，但是使用这种物质激励有个前提：即所做的事情必须是目标非常明确、规则简单的。如果遇上复杂度较高、需要共同协作、需要创造力的事情这种物质激励的效果并不明显，甚至是副作用。

麻省理工学院（MIT）斯隆管理学院教授丹·艾瑞里曾在印度的纳拉亚南学院请经济学院的学生做了一系列与激励有关的有趣实验。活动包括：拼木楔、赛门、复述最后三个数字、拉比林特斯迷宫、飞球、爬坡等。

通过一系列的研究，丹·艾瑞里表明：发放高额奖金对于简单的机械操作类工作可以提高业绩，如果需要人们动脑筋的则可能适得其反。

但今天企业还是习惯向从事脑力工作的工作者们发放巨额奖金，如果高级副总裁的任务是砌砖，用高额奖金激励他们似乎在情理之中。如果对那些从事筹划兼并收购，或者需要创造性工作的脑力工作者们的激励还只有奖金的话，那么奖金的作用可能比我们预想的要差得多，甚至可能带来负面效果。

### 3. 激发员工内驱力——赋能，赋予员工能力和能量

在 VUCA 时代，既然外在驱动力的作用没有想象那么大，那么如何找到"拉"动员工的内在驱动力，让员工"马不扬鞭自奋蹄"就是一个关键。

"赋能"这一词这几年在商业领域中异军突起，成为寻找内在驱动力的关键词。

赋能，顾名思义即赋予能力或能量。它最早出现在积极心理学中，旨在通过言行、态度、环境的改变提升他人能力和能量，以最大限度地发挥个人才能和潜力。英文里有两个词的意思最与之接近，一个是 Enable，使能够，提供做……的权利；另一个是 Empower，授权；给予……权力；给予……力量；使有能力实现……。

赋能员工，顾名思义，让员工有能力，同时也使员工充满能量向前行！

一个让人"会"，另一个让人"想"！

如何让人会，我们在第四章从"人材"到"人财"与管理者们分享了帮助员工成长的方式以及辅导员工的方法。

如何让人想，这是自从有了管理以后的核心话题，即如何激活人。

以前有一句话叫"火车跑得快，全靠车头带"，可是当火车只有几节车厢时还可以，如果是几十节、上百节车厢，那么火车头就带不动喽。为什么现在的动车比普通的火车快？原因非常简单：每节车厢都自带动力。

所以管理者们要有"动车思维"，学会赋能员工，点燃员工激情，让团队成为动车组，那团队战斗力就真的会爆棚。

### 4. 管理者赋能员工的六角模型概述

那管理者们如何赋能员工呢？

接下来的六节内容我们会与管理者们分享赋能员工的六角模型（图 5-2），即赋能员工的六个主要方法。它们分别是让员工有追随感、使命感、意义感、成就感、氛围感、物质感。

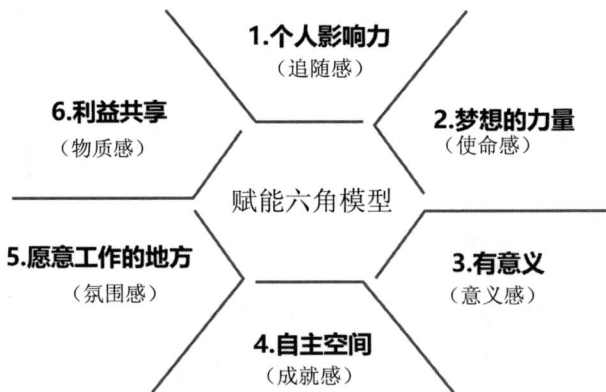

图 5-2　赋能员工六角模型

赋能员工为什么如此重要？

如果把员工比喻成一部车，当员工自己没有前进的动力时，就如同车没有了发动机。当没有发动机的车只靠后面的人推动时，推车的人就会很辛苦。

对管理者来说，赋能员工最大的挑战是如何找到员工这部车发动机的启动键。而且更大的挑战是每位员工的发动机启动键位置都不尽相同。

在过去，为什么"胡萝卜 + 大棒"的方法（或者叫威胁、恐吓、利诱三板斧）非常好用？原因在于那时候人们的需求几乎一致：获取生存的物质报酬，提高生活水平。那时候老板训斥下属"不想干就回去吃自己"这句话可管用了。可今天，当员工不再为生存过多担心时，"胡萝卜 + 大棒"的方法就不一定那么好用了。

当不用为生存消耗太多能量时，此时员工的选择是多元的，不同员工的需求就会不一样，他们的需求驱动按钮也就不一样了。

对此，谷歌创始人拉里·佩奇也曾说："未来组织中最重要的功能已不再是管理或激励，而是赋能。"

我们在第四章第三节有谈过帮助新员工融入团队的过程，但带过团队的人都知道，光彼此熟悉、融入团队还远远不够，团队要想形成战斗力，像麻绳一样拧成一股力量，只有针对不同需求的员工灵活运用赋能六个方法，方能给予员工全力奔跑的动力，方能打造有战斗力的团队。

是时候让我们重新审视组织与个体的互动法则了，让我们一起学习如何赋能员工吧！

# 三、赋能方法一：做一名有担当让人追随的管理者

## 1. 把员工变成你的粉丝

在 2020 年初，娱乐圈发生了一起"肖战 227 事件"，就是几位青春偶像明星们的粉丝护主心切，导致彼此之间的围攻和抵制，从而引发的一系列社会新闻，感兴趣的读者可以自行上网搜索。

撇开娱乐圈艺人的八卦新闻不谈，我好奇的是这些粉丝们出钱出力地干这干那，到底明星们给不给钱？好歹干活都是有机会成本的。

理论上来说，明星们应该不会给钱，既然是粉丝嘛，当然是自发主动、心甘情愿地干活。这种不用钱就可以让人干活的事靠的是什么？当然是明星们的影响力！

当然，我并不是给大家灌心灵鸡汤，号召管理者们有影响力，然后让员工像明星粉丝一样不要钱干活，而是说如果管理者们也有点影响力，不就可以付出同样的工资而让员工更有热情的工作？

在工作中，影响力就是领导力，有领导力才有追随者，才能赋能员工，让员工心甘情愿、自发主动地做事情。

在团队战斗力的因素里，员工的执行力并不是第一位的，管理者的领导力才是，没有领导力就没有执行力（注：在公司整体战斗力因素中，制度设计是第一要素）。

**2. 有担当管理者表现出的三个行为**

我们在第二章第四节也谈到领导力的修炼过程：人→从→众，即从个人到团队到组织的过程，成为一名有担当的管理者是个人修炼过程中的关键。

有担当的行为主要体现在以下三个方面：

（1）不抱怨

用佛家的话来说，今天能跟着你一起工作的，都是因缘际会你能得到的最好员工。作为管理者不应该对自己的团队成员不满意，这解决不了问题，唯有慢慢地培养他们，帮助他们成长。

《孙子兵法》里有一句话，叫："故善战者，求之于势，不责于人。"特别适用于我们的各级管理者。这句话的意思是：（善于作战的人）总是努力寻求有利的态势，而不是对下属求全责备。

管理者们要善于创造机会及势能让员工去完成任务，而不是抱怨员工不够勤奋，不够努力。如果你是一名统领千军万马的将军，在战场上，那你就要找到战略制高点，比如看好地形，带大家爬上一座山，从山上推石头下来砸敌人或向下冲。这时你会发现，每个士兵的勇气与战斗力都有所提升，因为地理优势为团队的每个人都赋能了。但是作为将军，你不能不造势，而天天抱怨士兵不够勇敢，这叫"责于人"。

管理者一定要知道，如果你幻想团队的成绩光靠每一位员工个人自己努力就可以获得的话，那你无异于空想，无异于不劳而获！

西方管理中有一句谚语："Always Solution, Never Excuse。"意思是"永远寻找解决方案，不要怨天尤人。"这句话可以成为管理者们的座右铭。

（2）不揽功、不推过

管理者最避讳的就是有了功劳往自己身上揽，有了过错往下属身上推。

管理者要懂得控制自己的成就欲，要懂得彰显团队员工的成就，特别是同时与团队员工出现在上级面前时，要把取得的成绩尽量归功于团队员工，让员工有成就感。一味地抢功，只会让员工心寒，从而失去前进的动力。

员工若工作中出错，只要不是违法或违背公司红线的，作为有担当的管理者，你要主动揽过来，并不是说让你替员工背黑锅，而是你本身就有过错。因为你是团队的管理者，你是团队的一切根源，你有义务和责任帮助员工把事情做正确，他工作出了差错，至少你也没尽到监管义务。

如果管理者因害怕承担责任而把锅甩给员工，并且只会推诿、指责和埋怨，经常讲"都是因为某某执行不力"之类的话，那么员工要么觉得你无能，要么觉得你自私，你的影响力也就荡然无存。

推功揽过，从自身管理中寻找原因，这自然会给员工一种积极的力量，让员工放心向前冲，是有担当的管理者赋能员工的一种方式。

（3）负责任

管理者负责任有两重意思：第一重意思是对自己的言行负责任，言必行、行必果，一言既出，驷马难追。管理者要兑现自己的承诺，方可让你的员工信任你，员工方会义无反顾地跟随你。第二重的意思是对团队的员工行为负责，使之符合公司与团队的规范要求，最终夺取团队的胜利（完成上级交给的任务），对团队的结果负责。

为生存而上班、需要靠外在刺激来做事情的员工对"人性化"一词有着不同的理解：最好怎么宽松怎么来，怎么舒服怎么来，怎么偷懒怎么来。在这种思想指导下的员工行为当然是期待领导最好不要管他、不要给他干活、不要有规矩。

此时，负责任的管理者不应只做"老好人"，一味地满足员工的需求，而是要制定团队的基本游戏规则，并要求在规章制度面前人人平等。

管理中的"热炉法则"能很好地体现团队规则的运用。公司或团队里的规章制度就如同一个烧红的火炉，具有以下作用：

警示性：火炉摆在那里，不用手去摸也知道炉子是热的，是会灼伤人的。鉴于此管理者要经常对下属进行规章制度教育，以示警告。

一致性：当手碰到热炉，肯定会被高温灼伤。也就是说，只要触犯规章制度，就一定会受到惩处，而不是摆设。

即时性：当手碰到热炉时会被灼伤。惩处必须在错误行为发生后立即进行，绝不能拖泥带水，或有时间差，这样才能达到及时改正错误行为的目的。

公平性：不管是谁碰到热炉，都会被灼伤；不论是谁，只要触犯规章制度，都要受到惩处，规章制度面前人人平等。

因此，管理者要在工作中树立企业行为的标准，要求员工坚决执行，该指出问题的就指出问题，该肯定的就肯定，只有员工的能力与工作效率不断提升，方能不断创造团队佳绩，员工才会相信管理者是那位最终能带领他们夺取胜利的人，才会放心地跟着管理者走，而在这个过程员工的能力与素质也会得到提高。

负责任的管理者不应只做"老好人"，还应该有魄力地淘汰不适合这份工作的员工，避免团队里出现劣币驱逐良币的现象！

当然，在处理这类事情的过程中或许会涉及到国内的相关劳动法律法规问题，因此请务必寻找公司人力资源部门同事的支持与帮助。

赋能员工，让员工心甘情愿去做事情，靠的不是压迫、逼迫，而是让员工发自内心的愿意去做事情。

做一名有担当，让人追随的管理者，从不抱怨、不揽功、不推过、负责任开始。

# 四、赋能方法二：梦想的力量

## 1. 梦想的意义

20 世纪 60 年代，第三届人民代表大会提出在二十世纪内把中国建设成为四个现代化的强国这个宏伟目标。转眼到了千禧年，你会发现它真的激励着亿万中国人民为之奋斗，并离这一目标相当地接近了。

到了 2002 年党的十六大报告又指出："中国要在本世纪头 20 年，集中力量，全面建设惠及十几亿人口的更高水平的小康社会，使经济更加发展、民主更加健全、科教更加进步、文化更加繁荣、社会更加和谐、人民生活更加殷实……到本世纪中叶基本实现现代化，把中国建成富强、民主、文明的社会主义国家。"

同时，十六大报告还明确提出："在优化结构和提高效益的基础上，国内生产总值到 2020 年力争比 2000 年翻两番。"按 2000 年的国民生产总值来计算，到 2020 年，国民生产总值将达到 35 万亿人民币以上。

各位读者，你知道到 2019 年我国的国民生产总值是多少吗？99.09 万亿，接近 35 万亿的 2.5 倍！

这就是梦想的力量！

2020 年 10 月，中共十九届五中全会上审议通过《中共中央关于制定国民经济和社会发展第十四个五年规划和二〇三五年远景目标的建议》，明确提出二〇三五年基本实现社会主义现代化远景目标！

这将是又一个伟大的梦想！

人们梦想日行千里才有了汽车、火车；人们梦想像鸟一样飞上天空，才有了飞机；人们梦想到月亮上看看，才有了宇宙飞船；可以说，没有梦想，就没有人类文明的进步。

梦想如同灯塔，指引前进的方向。而且梦想越清晰，方向就越明确。美国黑人民权运动领袖马丁·路德·金的梦想是一个人们相互尊重的世界，在他《我有一个梦想》的演讲中，他生动地描绘了一个他的孩子"不再由皮肤的颜色，而是通过他们的品格修养来加以评判"的美好世界，引起了当时社会的共鸣。

梦想如同火箭推进器，是前进路上的动力来源，是面对困难时的勇气和力量，是点燃内在潜能的导火索。当一个人胸怀"鸿鹄之志"时，就会有巨大的动力和坚忍的意志，个人的能力与禀赋也能得到最大限度的发挥。

梦想还有另外一个好处，即可聚焦注意力与精力。

人的精力是有限的，当没有了方向时精力就会分散，从而无法形成强大的精神

力量。我很喜欢微信的朋友圈里大家转发的
这幅图（图 5-3）：当心中有伟大梦想时，
也就是有了方向与目的后，人们会把精力与
注意力聚焦中在如何实现目标上，此时困难

图 5-3　梦想的作用

看起来就没有那么大（当然并不像有的心灵鸡汤所说的因此困难就没有了）。可当
心中没有伟大的梦想时，精力及注意力就会被分散，每天一睁开眼，看到的就全是
困难了。

　　心中有梦想，脚底有力量，也许是最好的注释。

### 2. 宏伟、艰难、大胆的目标

　　一个国家是这样，一家组织或公司也应是这样——有自己的梦想。这个梦想必
须是充满挑战、让人难忘的。

　　只有具备伟大的梦想，组织才会是一个向上的组织，它是可以把大家凝聚在一
起的原动力，它会激励员工不只为了薪水工作，还会自发主动为组织的共同目标而
不懈努力，这样会让员工的工作变得更加有意义，毕竟薪水只是他们付出辛苦劳动
后应得的报酬。

　　今天的华为之所以成为华为，其中一个原因是任正非在创办华为时就背负着"中
华有为"这样一伟大的使命与梦想。而这样的使命与梦想会让每一位员工工作时体
验到一种为民族振兴而工作的责任感，在工作时有一种热情、一股冲动，甚至听到
《华为之歌》时就可以感受到华为的伟大理想及精神力量。

　　华为创始人任正非在《致新员工书》上有这么一段话："公司要求每一位员工，
要热爱自己的祖国，热爱我们这个多灾多难、刚刚开始振兴的民族。只有背负着他
们的希望，才可以进行艰苦的搏击而无怨言。"

　　同时，有梦想的组织还可以把个人的发展和组织的未来紧密地联系在一起，让
员工看到未来的希望，从而赋能员工，让员工为此迸发出积极性和创造力！整个组
织"蒸蒸日上，士气如虹"，员工哪怕苦一点也觉得无所谓，因为有了希望与未来。

相反，如果组织与公司没有一种大家共同认可并为之奋斗的梦想，就会让员工没有明确的目标，也就失去了精神动力。

阿里巴巴的执行副主席蔡崇信当年为什么愿意放下七十万美元年薪的国际投资公司的工作，千里迢迢来投奔马云，每月只拿五百块人民币的薪水？只因为马云的人格魅力以及马云的梦想打动了他："我们要让天下没有难做的生意。"正是因为这个梦想让他发现阿里巴巴的隐形优势，最终成功实现阿里巴巴与他自己的双赢。

又比如 1979 年获得诺贝尔和平奖的特蕾莎修女建立的"仁爱传教会"，每年有很多义工人士提供免费服务，没有任何物质报酬，就是这个组织本身的使命精神和梦想在激励着这些人，参加公益活动会让义工感知到自我价值的实现。

管理学家詹姆斯·柯林斯曾出版一本叫《基业长青》的书，这本书主要研究在当时看来卓越非凡、长盛不衰的十八家公司的成功经验，并分析为什么这十八家公司可以基业长青。

通过研究，他们发现了一个秘密：这些基业长青的公司都有自己的 BHAG①。

吉姆·柯林斯在书中说，这些公司之所以可以基业长青，其中一个原因是他们认为最大的敌人就是自己，因此他们"永远不满足现状"，善于给自己设立未来"宏伟、艰难、大胆的目标"，并激发企业从上到下为之奋斗。

而那些无法做到基业长青的大公司，其衰败的一个原因就是自满，认为自己当下已做到了最棒，而未能给自己一个更高的目标去挑战。

在书中作者用了一句话警戒各大公司："Good is the enemy of great"，即"优秀是卓越的敌人！"

真正的 BHAG 应该是清楚、明确而且令人神之以往的，它是共同努力的目标，是团队精神的催化剂，它有着明确的终点线。同时，组织及员工都能够知道什么时候能达到目标，从而瞄准终点线冲刺。

---

① BHAG：BHAG 是由四个英文单词 Big、Hairy、Audacious、Goal 的首字母组成，这四个英文单词的直译是"大""毛茸茸的""胆大的""目标"，组合起来可以叫"宏伟、艰难、大胆的目标"。

今天 BHAG 作为梦想驱动组织前行的方式仍被许多公司运用，比如阿里巴巴就给了自己一个 BHAG：

活 102 年：我们不追求大，不追求强，我们追求成为一家活 102 年的好公司；到 2036 年，服务 20 亿消费者，创造 1 亿就业机会，帮助 1 000 万家中小企业盈利。

不要嘲笑有梦想的个人或组织！多数人是因为看见，所以相信；但也有少数人是因为相信，所以看见。

这里引用阿里参谋长曾鸣的一段关于马云如何给梦想与挑战的故事：

"和马云工作久了的人都很清楚，他提出的目标，从来都是超出想象，而且基本不松口。后来我们创造了一个句式"既要，又要，还要"，专门用来描述马云对于多元目标的极致追求。当提出超常目标时，就会激发出真正的创造力，才能创造不一般的结果。

举个具体的例子。2011 年 11 月份，按惯例我们开完了下一年的战略和运营会。唯一没有确定的是具体的目标，也就是最核心的 KPI。马云思考了三个月（他一直认为 KPI 的制定是最重要的管理工作之一，也最难）。春节回来，他提出了一个完全出乎大家意料的 KPI："双百万"（一百万淘宝卖家年收入过百万）。对于已经习惯了过去几年每年都是 GMV（销售总额）翻倍的 KPI 的管理层，这个天马行空的指标让大家完全摸不着头脑。而且，从 2003 年创立到 2011 年，淘宝八年高速增长，积累下来的年收入过百万的卖家刚达到十几万家。

两年内要到达一百万，的确很难想象。但是基于对马云的信任，大家还是非常认真地去思考。那段时间大概是淘宝头脑风暴会议最密集的阶段之一了。慢慢地，大家开始理解马云的思路，就是为了打破大家对 GMV 的简单追求，让大家认真思考生态圈的繁荣到底需要什么。按常规的打法，这个目标无论如何都完不成。这又逼着大家脑洞大开地思考并尝试各种创新。这一年，淘宝创新非常密集。不少是错的，有些太早了，但有些种子后来逐渐开花结果了。

但是团队为什么愿意尽心尽力地去执行这样的目标？这又得回到阿里巴巴的使

命、愿景、价值观。

上下同心是因为信任，信任是因为志同道合，相信共同的使命愿景。所以才能做到 KPI 不是谈判的结果，而是共识的建设过程。但同时，"为过程鼓掌，但只为结果买单"的制度又形成了使命必达的超强执行力。这两者的有机结合，使得 KPI 的设定和执行成为愿景聚焦，战略落地的共创过程。

相信梦想的力量，用马云的话来说就是："梦想总是要有的，万一实现了呢？"

《易经》中有句话："取法其上，得乎其中，取法其中，得乎其下。"也就是说，当你确定了高目标，最后可能只达到中等水平，但如果你确立了一个中等目标，最后也许只能达到低等水平。

BHAG 的意义就在于给团队定高一点的目标（梦想），并为之拼搏，即使没有最终实现，却也得到了不错的结果，并享受这个拼搏的过程！

### 3. OKR 的真实内涵：有意义的梦想目标

组织与公司要善于给全体员工一个梦想，一个宏伟的大目标，而每一个团队管理者在带领团队时也一样。

读到这里有些管理者可能会问："我知道梦想的力量，也知道组织与公司要给员工一个未来的梦想，可我一个小小的团队管理者怎么给员工梦想呢？"

答案是：你也可以树立团队的 BHAG 或梦想，毕竟有时组织与公司的梦想对于干具体工作的员工来说远了一些，而且这些梦想也与公司的梦想或 BHAG 是紧密关联的。

要知道，当一个人在工作中拥有崇高的目标时，工作起来就会很有力量。

著名管理学家德鲁克讲过一个三个石匠的故事：一个过路人问三个正在干活的石匠在做什么。第一个回答说："我在挣钱过日子。"第二个说："我在做全国最好的石匠工作。"第三个石匠抬起头来，眼中闪烁着光芒，说："我在建一座全国最伟大的大教堂。"

最近比较热门的 OKR（Objectives and Key Results，目标与关键成果的管理方法）其实就是追逐梦想的工作方法，OKR 是由世界顶级半导体企业英特尔的前

CEO 安迪·葛洛夫创造的。其中 Objectives 是有意义的梦想目标，Key Results 是应该创造的成果。

说到底，OKR 就是如何让一群人追求宏伟目标的过程。

OKR 背后的人性假设是这样的：团体中的人是喜欢工作的，能够从工作中得到乐趣和成就感的，即便没有督促 / 奖励 / 惩罚也是发自内心愿意去做好工作的！

因此，OKR 能否有效落实有三大着力点，如图 5-4 所示。

| OKR有效落实的三大着力点 | |
| --- | --- |
| 第一 | Objectives 目标/梦想要大；OKR体系最重要的就是有意义的梦想目标 |
| 第二 | 有自驱力强的成员，他们内心渴望追逐这个梦想 |
| 第三 | 给予足够自主空间，放手让他们去闯 |

图 5-4　OKR 三大着力点

### 4. 绘制团队 BHAG 的四种方法

我们常把一个团队管理者叫"Team Leader"，意思是团队带头的人。你要带着你的团队向正确的方向飞，就如同大雁群里的领头雁一样。作为一个团队管理者也要给团队成员一个 BHAG 或梦想，它不一定如同公司的梦想那么宏伟、艰难、大胆，但这个梦想是一定时间范围内团队所要成为的理想形态。

一般来说，团队的梦想有以下四种表述方式及示例（图 5-5）：

| BHAG 的四种表述方式及示例 | | |
| --- | --- | --- |
| 方式 I | 直接有量化数字的目标 | 比如，三年内销售收入达到 5 个亿（复合增长达 20%）；本销售团队年度销售增长率全集团排名第一名；本销售团队执行分综合排名在全集团排名第一；本财务团队在集团各财务团队综合排名名列第一 |
| 方式 II | 打败外部的竞争对手 | 比如，三年内销售区域的市场份额达到 ×××，打败 ×× 竞争对手 |
| 方式 III | 成为某一领域认同的榜样角色 | 比如，HR 部门成为集团里所有公司 HR 部门的楷模；或者像华为的 HR 一样成功 |
| 方式 IV | 描述团队成长的价值 | 比如，当你离开团队时，你会为曾经在这个团队工作过而引以为傲、引以为荣；我们的团队及个人都得到了行业内市场同行们的认同 |

图 5-5　BHAG 的四种表述方式及示例

### 5. 绘制团队 BHAG 时要注意的三个点

给团队造梦想是驱动团队前行，赋能员工的有效方法，当大家为同一目标努力奋斗时，就能焕发出强大的工作热量与集体的力量，形成归属感和彼此的认同感，而在这个过程中团队成员之间也能互相帮助，团结协作。

但管理者在给团队员工造梦想时，有以下三个要点：

要点一

梦想的作用其实是"愿景引导行为"。如果说梦想是组织前行动力的翅膀，那么组织对未来的想象力就决定了这对翅膀的形状与大小，梦想越逼真、越清晰，越能让人感受到，就越可能把个人的梦想融入到组织的梦想中，那么驱动团队成员为之奋斗的动力就越强！

有时人的行为不是被摆事实讲道理驱动的，而是被想象的那个结果驱动的！

在前微软中国公司总经理吴士宏女士写的《逆风飞扬》一书中就有一段关于企业教练斯蒂夫·莫尔如何帮助微软中国管理团队，描绘梦想的描述：

莫师傅要求我们做最后一个作业：集体完成一篇文章，是预备六个月后财年结束时要向全体员工发表的，它是对今后六个月里我们要完成的事的总结。文章共四段：开头，业绩总结和结尾。分成四组，各写一段，同时在十五分钟内完成！我们已经习惯莫师傅的各种乖张指令，但这个是太离谱了！莫师傅坚决不让步，说："如果真的如你们所说，每个人都已经清楚团队的目标、策略、任务，你们就可以做到！我教练过好多团队，真正好的团队什么都可以做到，别说合作一篇文章了！"

莫师傅把各组作业收齐，十五分钟竟然有了将近两千字的文章！每组的代表依次高声朗读，读的人激动，听的人也激动，每一个人都被我们的作品所震撼，真的是一篇绝妙文章。各组分别写的段落，都确切表达了整个集体的想法，文笔修辞全文风格流畅如出自同一人的手笔，其中跃动的激情又是团队的集合。我们意识到我们可以做多么"不可能"的事，文章描述的六个月后的业绩令人激动，我们充满实现业绩，创造奇迹的冲动！我们可以是多么的棒的团队！而个人能作为这个团队的一员又是多么令人骄傲的事。

要点二

给团队造梦时，管理者本身要有足够的影响力以及信任感，这样让人相信你谈的梦想是可以实现的，而不是夸夸其谈！梦想当然很有引导及驱动作用，但员工也会对实现路径或团队领导者的能力提出质疑。如果管理者依然用以前权威的方法命令团队成员遵从组织的梦想，如果管理自身没有足够的影响力及信任感，你的员工只会把梦想当成笑谈，即使他们屈从权势，表面认同，但也无法点燃他们的激情，因为梦想一定是内心渴望的！

马云之所以在创业时造梦成功，和 18 位创业者对其的信任以及其个人的魅力、领导力密不可分。

常听到一个故事，说一队人在沙漠中迷路，队长用一水壶沙子欺骗所有人说："这最后一壶水要到最后的关键时刻才能喝。"最后这队人在这一壶水的支撑下走出了沙漠。

每次读这个故事，我总认为这个故事有一个前提，即所有人都相信队长一定能带领大家走出沙漠，方才会有这个故事。

所以，梦想赋能员工之所以能产生作用，与管理者们身上的领导力有关，当然对于领导力修炼的话题，大家可参阅本书第二章第四节内容。

要点三

给团队造梦时，这个梦想必须是管理者自己相信的，如果它仅仅只是组织宣传册上点缀的亮点，那么它永远只是一个口号而已。只有自己相信，管理者才会身体力行、身先士卒。

一个团队领导对自己做的事情没有信心，是很难成功的。赋能员工，管理者们要相信并运用梦想的力量，借用周星驰电影里的台词："人如果没有梦想，那和咸鱼有什么区别？"

# 五、赋能方法三：生命的意义就是让生命有意义

### 1. 人生本来就没有意义的，人生的意义是要自己赋予

在谈这个话题之前，先推荐一本书，维克多·弗兰克尔的《活出生命的意义》。这是一本非常经典的书，此书一经出版，畅销不衰。五次被评为美国高校"年度最佳图书"，获选"最有影响力的十大图书"之一。英文版本前后被印刷了 100 多次，而且还被翻印成 34 种语言，销量达千万册。

作者弗兰克尔自己本身就是一个奇迹。在德国纳粹时期，作为犹太人，他的全家都被关进了奥斯威辛集中营，他的父母、妻子、哥哥，全都死于毒气室中，只有他和妹妹幸存。重要的是，他不但超越了这炼狱般的痛苦，更将自己的经历与学术相结合，开创了意义疗法，替人们找到了绝处逢生的意义，也留下了人性中最光彩的见证。

这本书是弗兰克尔从纳粹集中营出来之后写的。当时，他的众多家人都死于集中营，他自己也沉浸在痛苦中，他一直在思考一个问题：同样是残酷恶劣条件下的集中营，为什么有人就无声无息地死去了，为什么有人就可以坚强地活下来，是什么因素影响着最后生或死的结果？

弗兰克尔用自己及许多幸存者的例子得出：人生最重要的是发现生命的意义。那些能活下来的人，除了运气以外，大都能给自己找到坚持的意义。而在集中营时他看到了太多的同伴们因看不到生活的意义和目标而死去。正如书中反复引用的尼采的一句话——知道为什么而活的人，便能生存。

书中举了一个例子，第二次世界大战打到 1944 年底的时候，集中营里就有人传言：1944 年的圣诞节，纳粹就会被打败，他们会得到解放。这样的好消息传播开来，人们的精神状态都非常好，也没有了跟纳粹的对抗，很多人就像变了一个人。

可是到了圣诞节一丁点儿动静都没有，希望破灭了。有人马上说："不是圣诞

节而是元旦，我们会被解放。"可到了元旦那一天还是什么动静都没有。这一下子，集中营里很多人抵抗力下降，就都死了，因为失去了目标与希望。

其实再挺 5 个多月，他们就真的被解放了。

后来，弗兰克尔就用在集中营里摸索出来的这套理论，发展出了心理治疗上的"意义疗法"。简单说，就是帮助精神崩溃的患者重新找到生活的意义。

他还延伸说："人生本来就没有意义，人生的意义需要你自己赋予。"

对于我们而言，生命的意义可以是柴米油盐、传宗接代，平稳的一生，也可以是星辰大海、诗和远方的乐趣，更可以是追逐逼近人类各种极限的挑战。要不然你就会很难理解为什么会有人参与翼装飞行、徒手攀岩等这些以生命为代价的运动。

今天当我们谈起钻石时，首先想到的就是爱情、婚姻。钻石已成为璀璨浪漫、山盟海誓的爱情象征。

但事实上，钻石与爱情、婚姻之间的关联是随着"钻石恒久远，一颗永流传"的广告语横空出世的，它强化了公众意识中钻石和爱情的联系，将钻石打造成求爱必需品。让世上的姑娘都认为没有钻戒就不能愉快地结婚，让世上的小伙子东拼西凑也要给心爱的姑娘买一枚钻戒。

然而，钻石就是钻石，爱情就是爱情，这两者原本并无联系，钻石的爱情意义本来就是人为赋予的。

### 2. 工作的意义：薪水之外增加工作动力的那个理由

怎么给员工赋予工作上的意义呢？先看一下真实的案例：

我们知道快递小哥的工作蛮辛苦的，每天匆匆穿梭于大街小巷，风雨无阻，虽说一分劳动一分收获，按每派件来计算收入看起来还不错。可对他们大多数人来说，这份工作却没有任何意义，它只是赚钱的一份工作而已！

如何帮助快递小哥寻找工作的意义？有一家快递公司是这么做的。

他们先办一个征文比赛，让快递小哥写一个在送快递过程中最让他们感动的故事，然后找出十几篇精彩故事整理成册并给小哥们宣讲，这些故事大都是讲儿女给农村的父母寄送急救药的，当父母收到药时的那种欣慰之情；或者是因为出差不能参加女儿生日聚会，要求快递准时准点送达生日礼物，女儿收到礼物的惊喜之情；或者是帮助送给创业老板一份合同，创业老板拿到合同时的那种喜悦之情……

这些故事讲着讲着，这些快递员突然发现，自己除了送快递获得的收入外，自己送的还是爱、是联系、是希望！

快递员们一下子找到了自己工作的意义，对这份工作也有了更多的理解，快递小哥工作起来也更有干劲了，效率自然也就提高。

什么是员工工作的意义？

有一个简单的定义：薪水之外增加工作动力的那个理由。

许多人说早晨去上班，开启一天的工作与劳动，是为了赚钱、维持生活、付房贷、供孩子读书等，都没错，人需要钱才能生存，用我们第一章讲的内容来说就是为了"活下去"嘛！

但我们也知道，如果只是为了"活下去"，那么人类进化的底层逻辑"能不消耗能量就尽量不消耗能量"基因就会显现出来，此时管理者就不得不帮助员工找到薪水之外的那个理由。

意义（那个理由）就是自己为自己创造的要实现的目标：出人头地、有荣誉感、学习生存技能、好玩有趣、获得身份认同、赚取薪水照顾家人、击败同行、做一名对社会有用的人等，只要找到目标，工作才有支撑，才会有动力，才能点燃内心的小火苗。

所以也有一种说法：意义是工作中不可或缺的行动拐杖。

如果工作缺少目标和意义，对很多员工而言每天的工作就会变成一种折磨，他们坚持工作的唯一动力就是可以让自己"活下去"的薪水。

### 3."黄金圈法则"对意义的解释

事实上，寻找工作的意义也符合"黄金圈法则"的解释。

"黄金圈法则"的概念是作家西蒙·斯涅克在他的《从"为什么"开始》一书

中提出的。他发现有影响力的领导者激励和影响人们的方式往往是由内而外：先说清楚 Why——为什么要这么做；然后是 How——怎么做；最后才说 What——是什么，如图 5-6 所示。

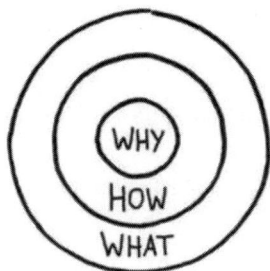

图 5-6　黄金圈法则

西蒙·斯涅克也发现大多数人的思考、行为和沟通方式也是由外向内的，也就是先说 What 是什么，然后说 How 如何做，最后才说 Why 为什么做。

寻找到工作的意义其实就是帮助员工先找到"Why"，除了付出辛苦劳动得到应有的报酬外，还要清晰地认识到为什么要做这件事。

比如，对于程序员来说，自己写的代码能够影响成千上万的人，为人们带来生活的便利，改变人们的生活方式，这本身就是一件很有意义的事情。

再比如说，在滴滴公司里，"美好时光在路上"这一使命可以让大家能够意识到，他们的工作成果可以影响上千万的用户，每一次产品细节的优化都能让用户觉得更加便利，这样团队中的每一个成员才会发自内心地认真工作，因为工作本身就有意义。

不要小看赋予工作意义的价值，二战的时候，通用的一个工厂承担战斗机某些零部件的生产任务。尽管物质激励很高了，但是产能始终无法突破创新高。后来厂方决定带着工人们一起去军用机场参观真的战斗机，并告诉他们战斗机在反法西斯战场上的价值以及他们生产的零件在战斗机里面发挥怎样的作用。参观结束后，出人意料的是，工人的生产效率得到了极大提升。

为什么生产效率得到提高？原因也非常简单，给工人们的工作赋予了意义。

现在我们许多人似乎对于公司或单位发奖状之类的荣誉已不太在意了，那是不是奖状之类的东西已经没有意义了呢？还真不是，奖状的意义还在，只是因为我们所处的社会关系网络改变了，所以奖状的意义没有体现出来。

记得某个心理学家说，做事情想获得幸福有两种维度：

第一，这件事情干的时候本身会有快乐产生，但世界上这种事情并不多，而且快乐这个词就很有意思，从字面上来看"乐"是很"快"就过去的。快乐永远是短暂的，不满足是长期的，人们往往是在失望中追求偶尔的满足。

第二，这件事情本身就很有意义，让内心真正的充满喜悦。

总结一下，工作的意义就是：薪水之外增加工作动力的那个理由。

### 4．工作的四种意义

本书第二章第一节有谈到，管理者的角色一半是团长，一半是政委。在一定程度上政委的工作就是帮助员工找到工作的意义，就如同真正部队里的政委工作就是要帮助士兵找到当兵的意义以及为什么而战的动力问题。

管理者帮助员工找到工作的意义的最大挑战在于"个性张扬""权威坍塌""多元选择"的"95后""00后"，他们的工作意义各不相同，帮助员工找到工作的意义是一件个性化的工作，因为每一个人的需求都不一样。

作为"政委"的管理者如何帮助员工找到工作的意义呢？以下四大类意义（图 5-7）可供管理者参考并灵活运用：

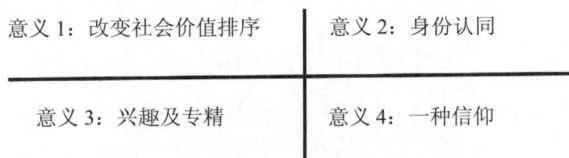

| 意义 1：改变社会价值排序 | 意义 2：身份认同 |
| --- | --- |
| 意义 3：兴趣及专精 | 意义 4：一种信仰 |

图 5-7 工作中的四种主要意义

意义 1：改变社会价值排序

多元社会里每个人赋予自己人生的意义千差万别。

但是从整个社会来看，大家追求意义的方式又有很大一部分是重叠的，那就是和他人比较。更准确来说，就是让自己的社会地位更高。所谓"人往高处走"每个人都希望自己能出人头地，名利双收，社会价值排序更靠前。

今天，有些人觉得不快乐，是因为他所追求的不是"幸福"，而是"比别人幸福"。当看到隔壁老王比自己过得好时，就觉得自己不幸福；而当看到隔壁老王惨兮兮的，自己当下的幸福指数就噌噌提升，这说明社会价值排序已经根植到社会大部分人的心里。

这也很好地解释了国企员工的流失率比较低，并且会成为当下大学毕业生就业时首选的原因，同时会认为在国企工作社会价值排序会相对较高。

其实，不管你在什么样的企业工作，拥有一技之长是在社会生存的基本要素，如果这一技之长在人才市场或行业里有竞争力，且具有很高的市场价值，则可能改变自己的社会价值排序，甚至改变自己的社会阶层。

古时候"头悬梁，锥刺股"是形容勤奋好学、刻苦努力读书的故事，其背后真实的意义不就是让自己可以上升到更高的社会阶层吗？

正是利用这一点，管理者可以帮助员工找到在团队当下工作的一种意义：磨炼工作技能，掌握在社会谋生的一技之长，让自己有机会提升社会价值排序（当然，这不是简单的事情）。

我常常在公司的新员工入职培训时很直白的与新员工们分享："大家无须一辈子与这家公司合作，公司也无意让员工一辈子与它在一起。既然大家来到这家公司，就知道自己不是来追求终身的职业，而是来追求终生的就业能力的。

那么在双方合作的这三五年间，就请大家好好想想，如何在岗位上更好地磨炼自己的技能，以便在这社会上有一席立足之地，或者让自己的社会价值排序更靠前。

如果三五年后，双方合作都很愉快，相互之间仍看得到未来，那就继续合作下去；如果到时合作不下去了，也没关系，好聚好散，而且这段时间你们也提升了自己在社会谋生的本领，有什么不好的？好好努力吧！"

有时这段话很有用，特别是对于新入职的销售代表们——对呀，好好卖可口可乐，三五年后在这个市场上还有什么不能卖呢？事实上，这种理念与《如何使员工热爱公司》书中所谈的如出一辙："在新世纪几乎没有一个企业可以给员工提供一个终身的职位。企业不能提供终身聘用，但应该给员工提供一种承诺，保证员工"受聘用的能力"提升，那就是企业为员工提供发展才能的工作和机会。锻炼员工能力，使他们不断完善，每天学习新知识，增加新能力，在无保证的职业市场，获取有保证的竞争力。"

当然，如果公司同时也能提供清晰的职业发展通路，无论是管理通道还是专业通道，团队管理者就可以充分利用这一职业发展通路工具帮助员工找到工作的意义：随着个人职业发展通路的晋升，改变社会价值排序可能性就更高。

意义 2：身份认同

不知大家有没听过梅奥诊所？

梅奥诊所，也称梅奥医学中心，成立于 1863 年，总部位于美国明尼苏达州的一个仅有十几万人口的小镇——罗切斯特市。它是一所集临床、教育、研究三位一体的非营利性医疗机构，其所有盈利都用于研究，回馈给病人。梅奥诊所的使命是：把所在城市罗彻斯特市打造成世界上最伟大的医疗中心，把梅奥诊所打造成患者的医学目的地。

自成立以来，梅奥诊所在医疗护理、医学研究上一直处于世界领先地位，代表着，全世界最高医疗水平的医疗机构之一。

可令人奇怪的是，对于这些全世界顶尖的医学人才，梅奥诊所却实行授薪制，即固定薪水（当然薪水不低，在市场上有足够竞争力），诊所不再分红，也不分配奖金，不体现多劳多得，尽可能把每个人对物质的诉求限定在一定范畴内。可即使这样，全世界每年都有无数优秀的医生挤破头想进入梅奥诊所工作与学习。

为什么？因为梅奥诊所是全世界的医学圣地、医学殿堂，能在这样的地方工作与学习，在医学行业本身就是一种最高荣誉。

梅奥诊所恰恰满足了这些优秀医生们成为行业专家、成为医学领域"顶尖的人"的需求，这就是我们要谈的员工工作的第二类意义：获取身份认同。

人在成年进入社会后，人的角色分社会角色及自我角色，社会角色包括社交角色、家庭角色、职场角色。

社交角色：人民代表、民主党派、发小朋友圈、某社团负责人、某公益组织参与者等。

家庭角色：比如为人父、为人母，为人夫，为人妻、为人子女等。

职场角色：比如当一名普通员工，当管理者，是他人的同事、是某领域权威专家等。

自我角色：财富积累、个人修养、自我健康、认知模式等等。

人需要在不同的角色中做好平衡。同时，在人生的不同阶段，这四个角色的身份需要平衡的东西并不一样。年轻时，可能会在职场、自我角色投入多一些；到了中年，可能会在家庭角色、职场角色投入多一些；等到快退休时，可能在社会角色投入会多一些。

虽然不同阶段于四个角色的时间与精力侧重会不同，但人都渴望获得相应的身份认同！

在饮料行业里，销售代表是一份很辛苦的工作，每天要按要求拜访一定数量的客户，并完成相应的执行、订单等工作要求，风雨无阻。由于工作条件原因，在这个领域里，一般以男性销售代表偏多，而且流失率偏高。

但好多年前，我就惊奇地发现一个现象：在我们的销售代表里，有一类是本地城乡已婚已育的年轻妈妈们，她们的稳定性特别高，销售业绩也不比男性销售代表差，而且与客户们的客情关系特别好。

当你去了解是什么动力让她们珍惜这份工作时，大部分的回答是：我想体现自己的价值，也想成为孩子们的榜样，并且这份工作也可以增加家庭里的经济收入。

是的，她们并没有多高的职位需求（或者现实的情况让她们相信改变当下社会价值排序的可能性不高），此时，成为"儿女眼里的榜样"或者"成为家庭中有用的人"这一身份认同成为她们工作中最大的动力。

发现了这个秘密后，我们在公司里把它变成一个项目推广，叫"小嫂子计划"，大力招聘这类年轻妈妈们，结果效果甚好，销售队伍稳定了，业绩数据也上去了！

据说农研所在北京香山附近有个实验室，做农作物品种优化，操作过程枯燥无味，不需要什么技能，只要熟练操作即可。开始的时候，请本科生和研究生来做，一天给百十来块钱，但没人来做，即使来做也心不在焉，经常出错。

后来他们干脆直接雇佣当地的村民，培训好后上岗，结果发现做得又快又好，更重要的是这些村民感觉还非常好。教授们还发现这些村民开的都是 Q7、路虎之类的车来上班。

原来这些村民都是被征地的拆二代。他们觉得，自己居然也能每天进出农研所这样高大上的地方上班，而且还能和他们所认为的高科技事物打交道，在村里人看来这是一件很值得骄傲且光荣的事情，在村里倍有面子。

获得身份认同，是让工作有意义的一个重要维度，只是不同岗位的身份认同需求管理者去挖掘，一旦成功，工作意义迸发出的能量会让人意想不到。

这里留下一道思考题：对那些开着豪车来上班，却领一般员工薪水的人，你认为他们工作的意义在哪里？

意义 3：兴趣及专精

兴趣是最好的老师，在第一章第一节我们也谈到人类进化过程的"能量理论"：只有做自己感兴趣的事情，才会百分百地投入能量并期望做得精益求精。

2015 年，一封华为任正非签发的总裁办电子邮件流传出来，其中任正非转载了《日本工匠精神：一生专注做一事》的文章，在文中，有几个工匠精神的故事：

冈野信雄，日本神户的小工匠，30 多年来只做一件事：旧书修复。在别人看来，这件事情枯燥无味，而冈野信雄却乐此不疲，最后做出了奇迹：任何污损严重、破烂不堪的旧书，只要经过他的手即恢复如新，就像施了魔法。

一家只有 45 个人的小公司，叫哈德洛克工业株式会社，他们生产的螺母号称"永不松动"，很多科技水平非常发达的国家都要向这家小公司订购小小的螺母。

"寿司之神"小野二郎，一辈子经营着十个座位的小店，全身心地把自己奉献给此生挚爱的寿司，其小店是世界上最小的米其林三星餐厅。没有豪华的装潢，甚至没有菜单，不提供酒水饮料和小菜，只卖寿司。就是这样一个不起眼的寿司店，至少需要提前两个月订位，已成为日本工匠追求极致的象征。

这些工匠们对自己所做的事情精雕细琢、精益求精、不断追求完美，原因有两个：

第一，自己对这份工作是发自内心的热爱，所以不会感到累。我认识一位国内比较知名的讲师，有一次结束三天的课程后，我问他："三天全情投入累不累？"他说："在台上站了这么几天，确实挺累的，但我心里挺开心的，因为我看到了每个学员都有了收获。"

第二，享受全神贯注雕琢产品，改善工艺，特别是取得突破进展时的幸福和喜悦心情。这种感受也可以叫 Aha 时刻 [①]。

意义 4：一种信仰

在印度的街上有一些穿着破烂不堪的人，他们有的一直举着右手一动不动。经导游介绍才知道，这些"奇怪"的人便是印度的苦行僧。印度教认为，人需要经过多次轮回才能进入天堂，得到神的关照，而有些人希望能走捷径，在此生就得到神谕和真经，苦行僧就被认为是这样一条捷径。苦行僧现在也用来指为实践某种信仰而实行自我节制、自我磨炼、拒绝物质和肉体的引诱，忍受恶劣环境压迫的人。

不要小看信仰的力量，在印度就有一位非常有名的苦行僧，名叫阿马尔·可杰。在成为苦行僧之前，阿马尔·可杰像其他中产阶级人士一样过着平凡的生活。他有

---

① "Aha 时刻"这个表达是由德国心理学家及现象学家卡尔·布勒首创的。他对这个表达的定义是"思考过程中一种特殊的、愉悦的体验，期间会突然对之前并不明朗的某个局面产生深入的认识。"现在，我们多用"Aha 时刻"来表示某个问题的解决方案突然明朗化时的幸福极致体验。

一份工作，婚后妻子还为他生了三个可爱的儿子。然而，一天早上他从睡梦中醒来，一切都不重要了，他决定放下所有，奉献一生，服务于印度教神灵湿婆。为了修行，阿马尔·可杰自 1973 年开始，便把自己的右臂高高举起不肯放下，至今已长达四十多年！

如果可以让员工把工作当成一种信仰，那无疑会迸发出无穷的力量！事实上，社会上的一些职业已经这么做了。我们常常把老师形象地比喻为园丁，期望每一位老师像园丁培育花朵一样无微不至的关爱学生。这其实就是给老师这个职业的一种信仰，让这种信仰指引老师们的日常言行。

类似的比如说，把护士、医生比喻为白衣天使、白衣战士；把解放军比喻为钢铁长城，把环卫工人比喻为城市的美容师等等。无一不是用信仰来增强工作的意义。

2020 年初突如其来的疫情，多少白衣天使奋不顾身地冲到一线；多少白衣战士请战出征，不都是为了心中的那份职业信仰？再次为他们喝彩点赞！

**5. 帮助员工找到工作的意义后，工作本身就是最大的激励**

管理大师彼得·德鲁克说过的一句话："管理的本质就是激发一个人的善意和良知。"那么，团队管理者的角色就是让员工工作有意义的同时实现团队绩效目标。因为当帮助员工找到工作的意义后，工作本身其实就是最大的激励！

# 六、赋能方法四：自由是创造的前提——金字塔建造的启示

## 1. 越复杂的事情，越需要自主开放的空间

记得上中学时，历史老师讲到根据希罗多德在《历史》中的记载，金字塔是由几十万奴隶建造。然而一位瑞士钟表匠塔·布克却在 1560 年游历金字塔时，作出了金字塔的建造者，不是奴隶，应该是一批欢快的自由人的预言。

到了 2003 年，埃及最高文物委员会正式宣布：通过对吉萨附近 600 处墓葬的发掘考证，金字塔是由当地具有自由身份的农民和手工业者建造的，而非奴隶。

为什么在 400 年前钟表匠布克就能一眼看出金字塔是自由人建造的呢？原来布克原是法国的一名天主教信徒，1536 年，因为反对罗马教廷的教规而锒铛入狱。由于他是一位钟表大师，入狱后，便被安排制作钟表。在那个失去自由的地方，他发现无论狱方采取什么高压手段，都不能使他们制作出日误差低于 1/10 秒的钟表。可是，入狱前的情形却不是这样。那时，他们在自己的作坊里，都能使钟表的误差低于 1/100 秒。

开始，布克把它归结为监狱里制造钟表的环境，可后来发现更差的环境他们也可以制作出误差低于 1/100 秒的钟表。后来才发现，真正影响钟表准确度的不是环境，而是制作钟表时的心情。

布克曾说："一个钟表匠在不满和愤懑中，要想圆满地完成制作钟表的 1 200 道工序，是不可能的。在对抗和憎恨中，要精确地磨锉出一块钟表所需要的 254 个零件，更是比登天还难。"

由于制作钟表及入狱的经验，布克认为金字塔这么大的工程，被建造得那么精细，各个环节被衔接得那么天衣无缝，建造者必定是一批怀有虔诚之心的自由人。

很难想象，在当时落后的生产力条件下，人们能克服各种困难，创造性地建造出金字塔！

金字塔的故事告诉我们：越复杂的事情，越需要自由开放的空间，越需要员工的自发主动。相反，越是简单性、重复性高的工作，管理力运用得好即可，比如像富士康那样的流水线生产车间。

自由是创造的前提，在四十多年前的祖国神州大地上，也曾上演过一场创造奇迹的故事 ①。

在 1958—1978 年，中国农村成立人民公社，所有农民每天统一派工、出工，

---

① 高峡. 品德与社会 [M]. 北京：北京师范大学出版社，2005.

按劳动能力和时间记工分，"出工不出力"就是那个时代创造的，可不管怎么做思想教育，无论工分记得有多细，粮食总是不够吃。

1978 年 11 月 24 日晚上，安徽省凤阳县小岗村严立华家挤满了 18 位农民，关系全村命运的一次秘密会议此刻正在这里召开。这次会议诞生了一份不到百字的包干保证书。主要内容有三条：一是分田到户；二是不再伸手向国家要钱要粮；三是如果干部坐牢，社员保证把他们的小孩养活到 18 岁。在会上，队长严俊昌特别强调，"我们分田到户，瞒上不瞒下，不准向任何人透露。"

要知道在 1978 年，这个举动是冒天下之大不韪，也是一个勇敢的甚至是伟大的壮举。

到了 1979 年 10 月，小岗村打谷场上一片金黄，经计量，全队当年粮食总产量 66 吨，相当于全队 1966 年到 1970 年这 5 年粮食产量的总和！

同样的土地、同样的技术水平、同样的一批人，却因为给了自主空间而产出完全不同。

由此，国家于 1982 年历史上第一个关于农村工作的一号文件正式出台，明确指出包产到户、包干到户都是社会主义集体经济的生产责任制。此后，中国政府不断稳固和完善家庭联产承包责任制，解放生产力，鼓励农民发展多种经营，使广大农村地区迅速摘掉贫困落后的帽子，逐步走上富裕的道路。

### 2. 自主空间，实现真正意义上的人性化管理

有句话是这么说的："老板无所不能，公司迟早关门。"

话糙理不糙，作为团队的管理者也不应是无所不能，要不然自己累得吐血，员工还不买账。

韩非子曾说："下君尽己之能，中君尽人之力，上君尽人之智。"意思是尽己之能不如尽人之力，尽人之力又不如尽人之智，高明的管理者不仅善聚众力，更善集众智。

因此管理者的角色是如何人尽其用，创造条件让下属有成就感，下属自然就充

满了能动力,自然就能发挥其聪明才智了。

人们常认为要有兴趣才能把事做好,但实际情况是兴趣是把事情做好的充分不必要条件,成就感则是把事情做好的充分必要条件。

在第四章第八节谈到刘邦与项羽争天下,获胜的关键在于刘邦能放手用好不同才干的人,并发挥他们的聪明才智。我们当然夸刘邦会用人,但站在张良、萧何、韩信三位的角度来看,何尝不是因为刘邦给予了足够的自主空间,在争天下的这个过程中,让他们自身也获得了足够的成就感。因此如何构建可以发挥员工能力的工作环境,赋能员工,是当下每一位管理者都需要思考的问题。

一百多年来,如何让管理者改变在日常工作中表现出的"控制""约束""听命令就好"一直是各类管理书籍的重点。正如第一章第二节所说,道理虽然浅显,但却是与管理者的人性做斗争的过程。

其实把人"管死"只是管理的初级阶段,如能把人"管活",发挥团队员工的能动性及创造性,这才是管理的高级阶段。

什么是人性化管理?那就是公司给予员工足够的空间和信任,给员工一方舞台,让员工自我管理,以寻求对公司最大的回报,并最终形成一种良性循环。

给予员工足够的空间和信任让员工参与,会让员工有主人翁意识,而且让员工感觉到自己的付出对于公司的价值,那么员工的表现一定会不同凡响。

管理大师德鲁克也说:"注重管理行为的结果而不是监控行为,让管理进入一个自我控制的管理状态。"

大多软件公司都采用弹性工作时间:不设考勤,不规定几点几分干什么。对于特定的任务,只给定一个完成期限,具体的过程由员工自己决定(事实上,这就是OKR 精神)。因为你给程序员规定每小时要写多少行代码,没有任何意义。

软件行业有一个说法,99% 好用的软件主要是 5% 的"牛人"编写的,而这些人无一是靠"管"出来的。

澳大利亚有一家软件公司 Atlassian,经常给他们的软件工程师一天自由的时间,并告诉他们说："你们可以在公司里做自己想做的事情，只是有一个要求，需要展示给同事们看。"于是这一天，工程师们便利用这些时间，写出了一些有趣的程序，想出一些好的创意，这些程序与创意都是他们之前没能做过的。

结果，凭借高度自主的时间，他们做出了很多革新。而这种方式取得成功后，软件公司都纷纷学习，谷歌也学习这种做法，并发扬光大，广为推行。据说今天谷歌里的许多新产品、新创新，都来自于这种"一天自由日"。

今天，很多企业在组织设置上采用更灵活的倒三角、小团队、阿米巴的方式，其实质就是给员工自主空间，让员工塑造自己工作的一种组织模式，这种模式把权力放到最接近客户的一线员工，让他们更多地参与到组织的决策中来。这是一种把人的主观能动性充分调动起来的方法。华为提出的"让听得见炮火的人做决定"，也是基于这个出发点。

现在，中国本土的许多企业如海底捞、韩都衣舍、碧桂园、爱尔眼科等已经开始探讨如何增强员工的自主空间。在这个方面，餐饮行业海底捞走在了前面，它的做法包括：

总经理张勇在公司的签字权是 100 万以上，副总、财务总监等职务是 100 万以下的签字权，采购部长、工程部长、小区经理有 30 万的签字权，店长有 3 万元签字权，同时店长有很大的自主经营能力，如门店员工聘用、解约、晋升、折扣、个性化服务、甚至有分配店里奖金的权利等。另外，甚至一线普通员工有给客人先斩后奏的加菜、打折和免单权。

海底捞的个性化服务大都是店员主动贡献的金点子或创意。用其董事长张勇的话来说："当员工把心放在工作上的时候，他就会替你揣摩顾客的心思。"

大小区制是指谁培养的徒弟出师当店经理，就由这个师父——小区经理管，所以海底捞的大小区划分不是按政府行政区域划分的，而是彼此犬牙交错，谁有能力培养人，谁的区域空间就大，而且师父可以提成徒弟店和徒孙店的净利润，这大大刺激了店长培养出能力、品行都合格的徒弟店长的动力！

而在柔性组织结构尝试中，快时尚女装公司韩都衣舍做了许多有益的尝试：

韩都衣舍在经营过程中找到了一套适合自身发展的管理模式，这便是在电商圈里有名的"以小组制为核心的单品全程运营体系"，简称"小组制"。这一模式将传统的直线职能制打散、重组，即从设计师部、商品页面团队及对接生产、管理订单的部门中，各抽出 1 个人，由 3 个人组成 1 个小组，每个小组要对一款衣服的设计、营销、销售承担责任，与此相应小组提成也会根据毛利率、资金周转率计算。这种划小核算单元、责任统一的方式，更有利于激活每个团队的战斗力，也很契合韩都衣舍"快时尚"的定位，其收效显著。

### 3. 授权，让员工参与，是最好的自主空间方法之一

许多管理者为了提高效率，不放心自己的下属去做一些重要乃至核心的事，喜欢亲历亲为，其结果可能适得其反。

管理者必须学会适当向员工授权，因为一个人的精力是有限的，作为一名管理者，即使有再大的才干，也无法包揽所有的工作。同时，管理者的日常工作应遵循二八法则，即 20% 的关键事情精力投入会产生 80% 的效能。

二八法则是由十九世纪意大利经济学家帕雷托提出，他认为，任何国家国民收入分配都存在着一种固定的形态，即拥有高收入的国民仅占全国总人口数的少数（20%），而处于低收入阶层的是绝大多数的国民（80%）。故二八法则也称帕雷托法则，其体现于各领域中。

同时适当向员工授权，赋予员工更多的责任和权力，也是提高员工能力以及满足员工成就感的需求。

三国历史上的著名人物诸葛亮"鞠躬尽瘁，死而后已"的精神虽然激励着后人，但蜀汉最先灭亡的一个原因却也与诸葛亮事必躬亲，未能有效授权以及培养人才有直接的关系。诸葛亮对军营里士兵惩罚 20 杖以上的都要亲自处理，忙得没日没夜，连他的对手司马懿得知情况后都说："孔明食少事烦，岂能久乎？"最终他因操劳过度，壮志未酬，五十三岁便陨落于五丈原。

　　假使他可以授权下属，一方面自己不用劳心劳力，另一方面，也可以培养更多的良将贤臣，而不会出现"蜀中无大将，廖化作先锋"的现象，这对蜀汉政权不是一件更好的事吗？

　　一般来说，授权的过程有三要素：第一授人以责任，第二赋予权力，第三保证有一个良好的报告反馈系统。

　　明智的管理者总是力图创造一种宽松的工作环境，只要工作按时做好，就不必在意员工是如何完成的，他会尽可能给员工选择的机会。毕竟，要求员工要对其自身的行动承担责任，就应赋予与其责任相应的职权。

　　放手实际上就是放权，就是发挥每一个员工的主观能动性，给予更多的空间让他们尽情地施展。

　　授权首先要把责、权、利都授权出去，我们的管理者经常有个误区，只让下属去做事，但相关的协调权、财务审批权或者最终审核权由谁负责并没有说清楚。凡事要求员工汇报，这不叫授权，这只是叫下属按要求做事情。

　　另外，充分授权与过程监控是相互配合的，授权并不代表撒手不管，而监控也不是不信任，而是在实施过程中给予下属一定的支持与跟踪，方不会让事情失去控制。

　　当然，管理者在授权时一定要有风险意识，因为一旦授权出去，如果事情最后做砸了，最终的责任还是由管理者自己承担的。因此，一定要根据事情的可控程度以及下属的能力来评估是否授权。

# 七、赋能方法五：营造人们愿意去工作的氛围

## 1. 创建人们愿意去工作的办公硬环境

许多年前，我每隔一两周都会到公司不同的销售营业所或办事处转转，其他人

爱看市场，了解公司的产品铺货以及具体执行的情况，作为 HR 的我却特别喜欢逛公司的营业所或办事处的办公室，而且去之前一般都不会告诉当地的销售经理，等到了楼下才会电话通知他们。

为什么这么做？原因很简单，从办公室环境我就可以大致判断出这位经理平时有没有用心带他的团队。

如果我看到办公室是干净整洁、各项物品整齐有序，墙上的海报以及张贴的公司信息都是最新的，再通过第二天他们的晨会，发现他们的销售代表眼里是有光的，那么我判断这位经理带团队是用心的，有自己一套的，而且他们相信干净整洁的办公环境有助于维持团队良好的工作秩序，提高团队整体工作效率。

如果我看到的是杂乱无章的办公环境，墙上的海报还是上个季度的，信息看板上的信息是上两周的，再参加他们第二天的晨会，发现销售代表眼睛是无神的，经理在前面分享时，大家都低头看自己的鞋子干不干净时，大约这位经理平时带团队就没上过心，或者说他就还没真正掌握管理之道。

时间久了，公司里的销售经理们都知道这位 HR 总监会时不时突袭检查办公室，慢慢地他们也就养成了保持干净整洁的习惯。

对大多数员工来说，他们生命中三分之一的时间是在工作中度过的，因此工作场所应该是员工喜欢去的地方，而不应该让员工每天早晨起来后因不想去那个场所而痛苦地挣扎。

赋能员工，打造人们愿意去工作的氛围，请从办公室环境开始。

东汉时有一少年名叫陈蕃，他自命不凡，一心想干大事业。一天，其友薛勤来访，见他独居的院内杂乱不堪，便对他说："孺子何不洒扫以待宾客？"他答道"大丈夫处世，当扫天下，安事一屋？"薛勤当即反问道："一屋不扫，何以扫天下？"陈蕃无言以对。

一屋不扫，何以扫天下的道理用在管理者带团队上，恰如其分。

带团队不能总是好高骛远。事实上，带团队没有倚天剑，也没有屠龙刀这样的必杀技，有的只是从每一件小事做起。如果你带领的团队连办公环境都不愿意保持得干净整洁，何以让人们相信你是在用心地带团队？何以让人们相信你愿意创造一个让人们愿意去工作的环境与氛围？何以激发员工的工作动力，赋能员工？

保持一个干净整洁、安全的办公环境，释放一个积极的信息给员工：你在意你的员工，你关心他们，你愿意从硬件开始创造人们愿意去工作的环境。

许多公司的总经理上任后干的第一件事就是重新装修办公场所，为何？建立影响力，让员工知道老板们在意他们、关心他们！

一个管理创新论坛请海底捞的老板张勇去讲话，张勇说："我们的管理很简单，因为我们的员工都很简单，受教育不多，年纪轻，家穷的农民工。只要我们把他们当人对待就行了。"

把人当人待，也算是管理创新？

有人就质疑张勇："哪个老板不想让员工用心工作？这是全世界老板都想征服的'珠穆朗玛峰'，可真正做到的却是凤毛麟角。"

他的答案就这么简单："人心都是肉长的，你对人家好，人家也就对你好；你把心放在员工身上，员工就会把心放在顾客上。"

### 2. 创建人们愿意去工作的办公软环境

营造人们愿意去工作的氛围除了改善办公环境等硬件条件外，还需要从员工的心理感受入手，主要体现在三个方面：

（1）创建团队里相互尊重的氛围

人都是有自尊心的，也都希望被人尊重，在企业工作的员工更是如此。只有员工受到了尊重，他们才会真正感到被重视，被认同，做事情才会真正发自内心，并心甘情愿为工作团队的荣誉付出。创建尊重的氛围，管理者可以关注以下三个方面。

首先，尊重员工的自尊心。管理者与员工只有级别之分，只是工作性质不同，但在人格上是平等的。管理者在日常沟通时应注意言词，不要对员工颐指气使、吆三喝四的，甚至说伤害员工自尊的话，比如说，"这么笨，连这么简单的问题都搞不懂。"

你在骂员工时，其实也是骂你自己，谁叫你没教好呢？没有教不好的员工，只有不会教的管理者。

电影《卡特教练》里的情节：卡特教练接手球队第一天即表示他会尊重每一位球员，也要求这些孩子们尊重自己，尊重对手。

其次，尊重员工的工作成果。每一名员工都希望自己的工作成果可以得到管理者的认可，一旦员工感觉到自己是被重视的，他们就会更加认可自己的工作，工作起来的热情度也就更高。

越是基层岗位员工，他们越渴望工作成果得到上级的认可。如果你能够给予他们足够的尊重，他们就会更乐意接受你的管理和领导，也更愿意支持你的工作。

我们常常因为各种原因，忽略了对他人劳动成果的尊重，主要有两个原因，其一，我们认为别人的付出理所应当。其二，很多人的性格都比较内敛，惜字如金，殊不知，尊重是需要语言与行为表达的。

我们在第一章有说过霍桑实验。这个实验本来是想观察通过改善工人们的工作环境，比如灯光调亮一些，工作场所放些轻音乐等方式，是否能提高人们的工作效率，但最终发现，这些改变对于工作效率的改善并不明显。

可研究者意外地发现，当工人们得知自己是实验研究对象时，他们的工作积极性却大大提高了，因为他们觉得自己很重要才会被研究者选中研究（事实并不是这样），所以他们的工作积极性就大大地提高了。

这个实验告诉我们：人人都渴望被重视。

心理学里的皮格马利翁效应[①]也证明了这一点，心理学家罗森塔尔和雅克布森在其研究成果《课堂中的皮格马利翁》一书中展示他们曾做过的一个有趣试验：他们在一所小学进行名为"预测未来发展"的智力测验，并把他们认为有发展潜力的学生名单用赞赏的口吻通知学校的校长和有关教师，实际上这些名单是随机抽取

① 皮格马利翁效应亦称"罗森塔尔效应"。

的。出乎意料的是，在八个月后进行的第二次智力测验后发现，那些名单上的学生比其他学生在智商上有了明显提高，而且表现的更有适应能力、更有魅力、求知欲更强、智力更活跃。原来，这些老师在得到权威性的预测暗示后，便对这些学生投以信任的目光，而且态度亲切温和，即使他们犯了错误也相信他们能改。正是这种期待和信任让学生增强了进取心，使他们更自尊、自爱、自信和自强。罗森塔尔把这一现象称作皮格马利翁效应。

最后，尊重员工的工作职责。每一个岗位都有自己的职责，在职责范围内的相当于员工自己的专属领域。管理者即使对员工职责范围里的事情有不同的想法，也不要直接命令他们立即改变，而是要事先与员工沟通，让员工知道改变的目的与意义，这是对员工职责的尊重。

管理者要特别留意当你的下属也在带领团队时，除非紧急情况，否则不要绕过他直接插手他的团队事宜，这是一大忌，这将会伤害这位团队管理者的自尊。

现在的员工对于自身受到尊重的要求比任何时候都高，真诚的尊重你的员工，倾听你的员工，跟他们分享你的难处，你就越能让员工热爱这个团队与氛围。

（2）营造团队里信任的氛围

前谷歌 CEO 写的《谷歌工作之道》这本书里讲到，对于公司里类似"创意精英"之类的知识员工来说，给他们命令不但会压抑他们的天性，而且会引起他们的反感，甚至会让这群人流失。对这类人最好的管理方法就是营造开放、互动、透明、平等的环境。对他们来说，授权与信任就是最大的激励，管理者提供平台、给予资源支持、让他们发挥价值与作用，结果就会呈现出来。

《信任的速度》这本书也说："在信任度很高的组织里，是会有信任红利的。高度信任就像做面包用的酵母，促进业绩的发酵。在工作场所，高度信任可以大大改善所有相关者的沟通、协同、合作、执行、创新等。"

《第五代管理》的作者查尔斯·萨维奇也曾在书中说："怀疑和不信任是公司真正的成本之源。"

孔子有云："民无信不立"和"信则人任焉"。信任的团队氛围是赋能员工的一种有效方法。

我们在第二章第四节谈领导力修炼时，谈到三种方法建立管理者与员工成员的信任关系——开放自我、建立彼此的信任感；主动利他；积小胜为大胜。

除了以上三点外，以下细节也可以帮助创建团队信任的工作环境：

· 尽可能公开、透明地分享信息。

· 日常公平、基于价值观的一致决策。

· 行为一致，让人们认为事物具有可预测性。

· 创造新人快速融入团队的欢迎仪式。

· 经常肯定及表扬员工。

· 帮助员工规划职业生涯。

· 勇于做员工的后盾。

· 将共同目标置于个人目标之前。

· 在游戏规则范围内，尽可能为下属争取利益，即使最后不一定成功。

这里，也特别强调第一点"尽可能透明及分享信息"，只要不属于公司机密的信息，管理者都可以与团队成员分享，越多的信息分享，越会让员工认为大家是一个整体的，越可能一条心地向目标前进！

（3）创建团队里快乐的氛围

快乐可以让员工持续产生价值。因为快乐是一种状态，是一种感觉，也是一种竞争力。一个不快乐的人是缺乏激情和创造力的，一个工作氛围让人不快乐的团队是死气沉沉和没有活力的。而这都将直接影响公司的经营效率与效果。

马云曾说过："员工快乐是最大的生产力。"

"认真生活、快乐工作"是阿里巴巴新六脉神剑（价值观）的第六条。马云曾不止一次在公众讲话中强调，阿里巴巴最大的财富就是阿里人，工作的目的不仅仅是生存，而是通过工作（事业）获得成就感。为此公司不仅要提供一份满意的薪水，还要创造快乐工作的好环境。马云说："员工第一，客户第二，股东第三。也只有员工开心了，我们的客户才会开心，公司及股东的利益才会得到发展。"

我曾经辅导过一位新任销售经理，在辅导开始时，他的困惑是他很难与团队员工融在一起，总感觉与他的团队成员有距离感。后面再深入了解才知道，他是退伍军人，在公司是一步一个脚印做到销售经理的，可由于在部队养成服从为天职、不苟言笑的习惯，让他认为自己应该是正襟危坐、庄严持重的，员工也应该是严肃认真、令行禁止的。可事实并非如此，而且他感觉员工对他都是敬而远之。

明白了，他身上体现出了僵化思维、凡事应该如此思维。于是，我很郑重地给了他一个建议，让他学会笑，开早会说话前先笑一下，和员工谈话时也先笑一下。

据他反馈一开始很不习惯，而且差点连员工也吓坏了！可坚持下来，慢慢地，他发现自己笑的时候多了，而且员工也慢慢接受了他的改变，团队里的同事们说话也随意了，笑声也多了起来。

以下的一些做法可以帮助管理者创建快乐的团队氛围。

· 放下领导的架子，不要认为老板就应该"老是板着脸"。

· 尊重每一位成员。

· 真诚、平等的内部沟通。

· 每一个员工都有充分建议和创意的权利。

· 定期团建：外出娱乐活动、定期餐聚等。

· 如不涉及原则问题，不对团队成员间的玩笑较真。

· 不定期地给团队成员小惊喜，比如一个小礼物、突然的下午茶、偶尔送书给员工（让他 / 她意外地收到）。

人非草木，孰能无情，管理者只有给予员工人性关怀，创设人们愿意去工作的氛围，才会真正凝聚员工，激发员工工作的热情和潜能。

一家营造让员工乐意去工作的企业必将是具有长久竞争力的企业，因为只有激发员工内心动力的企业才能基业长青。

当然，也请管理者们注意：关心你的员工，营造一个强烈关心员工的环境氛围并不意味着员工一定会有好的绩效（还需要许多其他方面的措施），也并不意味着公司在管理业绩差劲的员工时需要采取怜悯的态度，而是指这种工作环境氛围是建立在大家共同遵守的原则上，这种原则使一个即使业绩差劲的员工也感到他们受到了公平对待。

# 八、赋能方法六：不为五斗米折腰，但二百斗可以

## 1. 在职场任性是需要底气的

"不为五斗米折腰"这一故事来自写《桃花源记》的东晋大诗人陶渊明。话说公元 405 年秋，陶渊明在彭泽当县令，碰到督邮刘云到彭泽检查公务，此督邮以贪婪、粗俗傲慢闻名远近，每年都以巡视为名向辖县索要贿赂。陶渊明平时很瞧不起这种假借上司名义发号施令的人，但也不得不去见一见，于是准备动身。不料县吏拦住陶渊明说："大人，参见督邮要穿官服，并且束上大带，不然有失体统，要不然督邮会乘机大做文章，会对大人不利的！"

陶渊明此时再也忍受不下去了。他长叹一声，道："我不能为五斗米向乡里小人折腰！"（意思是我怎能为了县令的五斗薪俸，就低声下气去向这些小人贿赂献殷勤呢）说完，挂冠而去，辞职归乡。

自此陶渊明"不为五斗米折腰"的气节传为佳话，广为传颂。

类似的故事也有如唐代大诗人李白写出"安能摧眉折腰事权贵，使我不得开心颜"这样著名的诗句。细心的读者可能会好奇，这些不愿意事权贵，不食嗟来之食的诗人们都靠什么生活？

网上有一篇文章曾分析辞官后的陶渊明都靠什么生活，这里节选部分：

陶渊明的曾祖父陶侃是东晋开国名将，晚年位极人臣，被封为长沙郡公。在历

史上，陶侃留下了"陶侃运甓""孝子约酒"等典故。他的祖父陶茂曾任武昌太守，父亲陶逸曾任安城太守。陶氏家族作为东晋元勋之后，是浔阳当地数一数二的大族。陶渊明虽年幼时父亲就去世，但祖上遗产也不少的。陶渊明从彭泽县挂印而去时，并没有浪迹天涯，而是去了位于庐山的田庄别院，有诗为证："僮仆欢迎，稚子候门。三径就荒，松菊犹存。携幼入室，有酒盈樽。"这也说明其经济条件远高于普通家庭。老陶家的房产可考的就有上京闲居、园田居和南村等处，田庄别业则有西畴、南亩等处，远不止自己说的"方宅十余亩，草屋八九间"。

另外，像陶渊明这样有名气的大诗人，讲习教书、传习知识，自然从者甚众，不定期地接受门生馈赠，这个收入也是不菲的。陶渊明在《感士不遇赋》的序文中有这么一句："余尝于三余之日，讲习之暇，读其文，慨然惆怅。"

此外，朋友资助。《宋书》卷九十三《陶潜传》有记载："先是，颜延之为刘柳后军功曹，在寻阳，与潜情款。后为始安郡，经过，日日造潜，每往必酣饮致醉。临去，留二万钱与潜，潜悉送酒家，稍就取酒。"意思是说，当时与谢灵运齐名的颜延之每天都去拜访陶渊明，每次去都痛饮喝醉。离开的时候，留两万钱给陶渊明，但都被老陶拿去买酒喝了。

除了颜延之，更有很多慕名来访的崇拜者也间或向他赠送一些酒肉食物。比如江州刺史王弘既请他去宴饮，又送过酒食给他。鲁迅在《且介亭杂文二集·隐士》曾经说过："凡是有名的隐士，他总是已经有了'优哉游哉，聊以卒岁'的幸福的。倘不然，朝砍柴，昼耕田，晚浇菜，夜织屦，又哪有吸烟品茗，吟诗作文的闲暇？陶渊明先生是我们中国赫赫有名的大隐士，一名'田园诗人'，自然，他并不办期刊，也赶不上吃'庚款'，然而他有奴子。汉晋时候的奴子，是不但会侍候主人，并且给主人种地，营商的，正是生财器具。所以虽是渊明先生，也还略略有些生财之道在，要不然，他老人家不但没有酒喝，而且没有饭吃，早已在东篱旁边饿死了。"

所以这些能做到"不为五斗米折腰"的真正原因在于他们都有在社会生存下去的底气，可以不做自己不喜欢的事情。

任性是需要底气的，读者朋友们要切记！

在今天的职场上，为"活下去"而上班的仍占大多数（具体分析见本书第一章第一节），对于财富自由度以及安全感的提升仍是大多数人最重要的追求，改变自己社会价值排序仍是工作意义的第一条（见第五章赋能方法三：生命的意义就是让生命有意义）

现在的人们可以不为五斗米折腰，但五十斗、一百斗、甚至两百斗米的报酬对于改变自身社会价值排序仍是有莫大的驱动作用，而且这种可以改变社会价值排序的金钱激励作用是巨大的。

华为之所以有"狼性文化"是靠高薪酬和高福利作为支撑的，同时通过全员持股，将员工变成公司的股东，分享公司赚取的红利。员工身份变了，干劲自然就足，华为自然就拥有强大凝聚力和战斗力。

2019 年 7 月华为曾以电子邮件的方式发布了 8 名员工的年薪方案，这些应届博士生最高的年薪分别是 182 万和 201 万元。邮件里表示："华为要用顶级的薪酬去吸引顶尖人才，今年将从全世界招进 20 ～ 30 名天才"少年"，今后逐渐增加，调整队伍作战能力结构。"

许多公司都在学习华为的狼性文化，不如先学习华为给钱的学问。

狼行千里吃肉，即使当下没有肉，也要创造肉的梦想，并在获得猎物后分享。要不然只谈狼性文化，不谈回报的行为就是耍流氓。

有一个成语叫无欲则刚，说的是只有做到没有世俗的欲望，就能达到大义凛然的境界。但是从人性的角度来看，无欲要做到"刚"是有前提的：第一，对当下这个"欲"根本看不上眼（本身视野远、格局大，或自身早已拥有了这个"欲"）；第二，无欲是一种个人信仰。

毕竟这个世界上绝大部分人都还是凡夫俗子。

### 2. 为什么说正常的加薪是没有激励作用的

注意，我们前面谈的这种金钱激励的作用之所以很大是因为它可以起到改变社会价值排序的作用。而在大部分企业里，在岗位上正常工作的员工在没有获得更高岗位价值的岗位机会（即晋升）时，能做到上述所说的金钱激励又几乎不可能。

为什么？

这一切又要从公司的薪酬定位说起，每一家公司都会根据市场薪酬水平以及本行业定位、盈利情况、策略定出自己公司的薪酬定位。市场薪酬水平一般会有每个岗位的三个数据，即 25 分位、50 分位、75 分位（多少分位指的是在市场上一百家有代表性公司的岗位数据，由低到高分列第 25 分位、50 分位、75 分位的那家公司数据）。如图 5-8 所示。

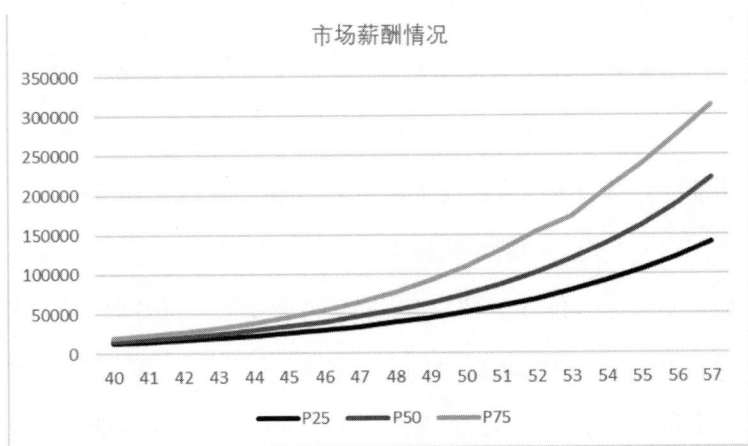

图 5-8　市场标准岗位薪酬模拟图

在这张市场标准岗位薪酬情况模拟图上，横轴表示的是岗位价值排序（相关知识请阅读第三章第二节），由左到右代表岗位价值越来越高。纵轴代表的是每一个岗位对应的薪水。三条曲线分别代表的是市场 25 分位、50 分位、75 分位水平薪水情况。

一旦通过公司战略制定的薪酬定位（比如选取市场 50 分位的数据为对标）确认，那么每个岗位的薪酬数据范围值就基本确认。

一般来说，在岗位价值排序未发生变化的前提下，同一个岗位是不会特别调整薪水的。

按布兰德薪酬四叶模型，影响员工在企业的薪水有四个影响因素：

（1）岗位价值。员工所在的岗位价值排序在公司里越靠前，其薪水会越高。

（2）市场定位，即根据员工所在岗位在市场行情的定位以及稀缺性。稀缺性会直接影响员工的薪水高低，越稀缺就越具有不可替代性。因为一个人的收入不是和他的劳动时间成正比，而是和他的劳动不可替代性成正比。

（3）自身能力。员工能力越强，所在岗位的薪酬范围越大，也就是说公司需要为能力强的员工买单。

（4）工作中做出的绩效，主要影响员工的浮动奖金（员工的薪水组成一般为固定工资＋浮动奖金）。

前面三个因素并非一朝一夕能改变，唯一可改的因素大概就是工作中做出的绩效了。

绩效对于前线业务员来说是每月工薪单上金额高低的决定性因素。

对于业务部门说，员工的绩效结果直接与其奖金挂钩，这是驱动员工向前冲的动力，因此如何充分合理利用公司的游戏规则帮助业务人员多拿奖金是管理日常工作的重要一课，也是用"推"来驱动员工的方式。但即使有绩效奖金的前线业务人员，其变动范围也不会太大，毕竟许多成熟公司在设计绩效曲线时还会考虑封顶的因素。

对于非业务部门来说，因其绩效贡献都是间接的，其绩效奖金在整体薪水的占比就不大、甚至没有，在这种情况下，薪水并没有额外的激励作用。

有的管理者可能会问："为什么公司不能给员工更高市场分位的薪水？"答案也很简单：更高市场分位的薪水定位不符合企业利益最大化的行为。同时，对于员工而言：薪酬是可以接受的，但永远不会被满足的。

天下没有一个员工会满意自己的工资，会告诉你"够了够了，不用再发了"，

99.9% 的人都说："薪水太低了。"这个也很正常，人的欲望是无穷的，特别是在金钱方面。

对于职场里的人士来说，如何获得更高薪水的秘密在于：

（1）在公司里获得岗位价值排序更靠前的机会。

（2）在市场上其他公司获得岗位价值排序更靠前的机会。

千万不要以为靠公司每年的所谓常规性涨工资就可以获得更高的薪水。

### 3. 企业正常加薪的三个主要目的

企业为什么每年要给员工涨薪呢？涨薪有以下三个主要目的：

第一个目的是为了战胜 CPI[1]。正常来说，同样是 6 000 元，今年的购买力是不如去年的。如果企业不涨薪，员工的报酬其实是下降的。对于正处在社会保障机制仍有待完善的环境下的人们，工作中获得的薪水可能是其唯一的经济来源。如果公司正常涨 5% ~ 6%，再扣去 2% ~ 3% 的 CPI 涨幅，其实就不剩多少钱了。

第二个目的是为员工的能力买单。员工又工作了一年，熟练程度更高了，技能更高了，企业每年调薪一定程度上也是对员工能力提升的一种回报。

第三个目的是为了鼓励表现优异的员工。企业年度调薪时会对上一年度表现优异的员工有额外的调薪比例，而于表现不符合要求的员工可能不调薪，以达到鼓励先进，鞭策后进的目的。

每年公司的调薪并不能给大部分员工带来满足感，在弗雷德里克·赫茨伯格[2]看来是因为工资、工作环境、管理制度、培训、福利以及工作条件是一个人展开工作所必需的条件，叫保健因素，这些条件如果没有被满足，员工很容易产生不满。而工作本身带来的成就感、得到的认可、提升的可能性、成长的空间、额外的奖励是一个人做好工作所需要的条件，叫激励因素，只有激励因素高时，员工才会有满足感，才会提升工作绩效。当然，激励因素只有在具备保健因素的情况下才能发挥

---

① CPI 指的是居民消费价格指数，是用来反映居民家庭购买消费商品及服务的价格水平的变动情况。

② 弗雷德里克·赫茨伯格（1923–2000），心理学家、管理理论家、行为科学家，双因素理论的创始人。

作用。

### 4. 赋能员工、激活个体，六角模型需灵活运用

今天，能付出一百斗米、二百斗米来改变员工社会价值排序的企业并不多。

那管理者们该怎么办？还记得驱动员工的"推"（外在驱动力）与"拉"（内在驱动力）吗？薪水报酬及相关的奖惩是推着员工向前行的一种有效方法。

点燃员工内心的小火苗"拉"的方法亦很关键：让人追随、梦想的力量、让工作有意义、提供自主空间、让人愿意工作的氛围。实际上，工作本身就有乐趣，就有压力，上级的态度，同事的态度，还有自己成长的本能，这一切都会推动员工认真工作，薪水只是员工付出辛苦劳动后应得的报酬。

只不过在多元时代下，不同员工的需求并不一样，如何找到每一位员工的需求才是赋能的关键！

伊索寓言里有这么一个故事：一只雄鸡辛苦地找寻食物，觅食过程中找到一块宝石。它对宝石说："要是我的主人找到你，你就会成为他的珍宝，但我捡到你，却一点用处都没有。我与其得到一块没有用的宝石，还不如得到一粒小麦。"

赋能员工的六角模型也许只有其中一角对员工有用，也许需要组合多个角才能对员工有效果。

# 第六章

## 锦囊6：防守，"薪心相印"留员工

# 一、中国离婚率对留住员工的启示

## 1. 离婚率、离职率，异曲同工之妙

最近这十几年，中国经济快速增长，人们的生活水平也不断提高，与此同时，数据显示，离婚率也逐年上升。在过去 15 年里，离婚人数呈 45 度角上升。根据《人民日报》的数据（图 6-1）：离婚数量从 1987 年的 58.1 万对增长到 2018 年的 446.08 万对。要知道 2018 年依法办理结婚登记的也就 1 010.8 万对。

图 6-1　中国离婚数据统计（数据来源：人民日报）

无独有偶，企业员工的离职率在过去十几年，也呈不断上升的趋势，两条曲线有着惊人的相似！离婚率、离职率，一字之差，看起来风马牛不相及，背后的原因却有着异曲同工之妙。

如果把公司与员工的关系比喻为夫妻之间的婚姻关系，你会发现两者之间的关系非常之接近。

就如同一对恋人走进婚姻的殿堂，99.9% 的新人都会想：如果没有什么意外的话，我应会与对方白头到老。几乎没有人会认为我就与对方结五年，然后就拜拜！

而同样的，一位员工加入一家公司时，大部分员工会想着如果没有什么意外，可以与公司一路走下去。然而事实的真相却是无论是婚姻，还是公司与员工的雇佣

关系，却都可能遇到许多意外，未能一直走下去。

### 2. 维系婚姻的五大维度

什么原因让婚姻遇到了许多意外，让这段婚姻未能走下去？可以从婚姻关系的几个维度来看：

第一个维度：物质是基础，感情是升华

爱情并非婚姻的全部，面包也是婚姻的必需品。

有些年轻的男女憧憬爱情而不愿屈服于现实或随波逐流，这当然是一种选择，但爱情是没有条件的，而婚姻却有。至少法律、血缘、生活等实际的条件，养不起自己的人是无法论及婚姻的。

自古就有贫贱夫妻百事哀之说，同样的，没有一定物质基础的婚姻是不被看好的。当然我们也都知道，物质基础绝对不是维系婚姻的唯一因素。如果物质基础是唯一因素的话，那么很多生活条件优渥的人就不会离婚了。

精神是支撑、物质是保障。现代社会很多婚姻触礁，并非面包供应不足，而在于婚姻急需"充电"。

第二个维度：三观一致

一段好的婚姻是可以预期的，要求不多，两个条件而已：找一个相同价值观的好人，自己做一个好人。如果各位不相信，把《知音》中的每一篇文章拿出来与以上两个条件对比即可：一段失败的婚姻大概总有一点不符合。

做个"好人"指的是个人符合法律及社会基本道德要求，不符合这些基本要求的人其婚姻关系也很难维持太长久。

据一项统计，导致婚姻破裂的原因中，感情不和高达近80%。在生活中我们常常遇到这样的情况，觉得很多婚姻中的双方看起来很不般配，或者外貌，或者年龄，或者学历等，而实际上人家生活得非常幸福。作为旁观者，我们大都是从社会重叠的价值排序来判断他人的婚姻，而婚姻真正的内在因素是匹配。婚姻就如同穿鞋子，合不合脚只有自己知道。

什么是对的人？三观一致。例如：

你喜欢看书，他喜欢玩游戏，这不叫三观不一致，但是他说看书有什么用，不就是装文艺范吗？这才叫三观不一致。

你喜欢去西餐厅吃牛排，他喜欢在大排档撸串，这不叫三观不一致，但是他说那玩意儿死贵，还不好吃，说你真是做作，这才是三观不一致。

三观不匹配时，对方做任何事情，在另一方的眼里都是不对的。

第三个维度：家庭氛围

一段婚姻即使有一定物质基础，三观也一致，但如果家里有"恶婆婆""坏公公"或者夫妻之间一方及双方有家庭暴力，那么，家已不是温暖舒适的港湾。

由此可见家庭日常氛围的重要性了。

第四个维度：未来希望

在生活中，我们常常会看到，一对恋人结婚时物质条件并不好，但双方却同甘共苦，齐心协力，日子越过越红火。

为什么？原因很简单，尽管当下贫穷些，但双方都从对方身上看到了希望。没有共同生活目标和愿景的婚姻其实就是一种利益的互换，这种婚姻一般不会走得太远。一段婚姻之所以结束，或许是夫妻中的一方或者双方失去了对未来的希望，所以才愿意结束婚姻，重新开始自己的人生。

最可悲的婚姻也许就是既没有物质基础，又让人看不到未来。

第五个维度：感情保鲜

进入婚姻殿堂后，日子少了鲜花烛光的浪漫，多了柴米油盐的实在，夫妻间激情慢慢消退，爱情也逐渐转化成了亲情。多年以后两个人不再有当初热恋时的感觉，但彼此都把对方当作了自己最亲的人，谁也离不开谁。

婚后生活虽会变得平淡，但彼此仍可以努力使这段平静如水的生活泛起涟漪。常给对方一些小惊喜，偶尔改变一下生活方式等都是不错的方法。

长久美满的婚姻从来不是时时刻刻激情四射的，而是需要双方不断地经营。

# 二、留住员工的秘诀："薪心相印"模型

## 1. 从婚姻关系看公司员工关系

谈完了婚姻，自然也要谈公司与员工的关系，如我们第五章第五节谈到，公司与员工是如婚姻一样，双方是合作伙伴关系。

经济学家加里·贝克就说过："婚姻从本质上讲是双方交换资源，以获得利益最大化的过程。"

单身时一人一台空调，结婚后一台空调就可以，说的就是这个道理。

无论是婚姻，还是公司与员工的关系，如果双方均能在这段关系中既保持愉悦的心情，又能在物质上获利，相互之间仍看得到未来，那就有可能一直合作下去。

今天对于公司而言，员工频频提出"离婚"而导致最大的负面影响是：由于人员不断更替，新员工相应技能无法跟上，团队配合不默契，这样会造成工作效率或者客户满意度的下降，最终导致业务受损。

特别是对于"95 后""00 后"，选择的多元让他们更换工作的频率更高了。

如何保留员工成为公司及团队管理者的一个重要挑战。

我们先从员工的离职原因开始讨论。员工离开公司无外乎两种情况：被动离职或主动离职。被动离职是因各种原因由公司解除劳动合同的情况，此类型不在本书中讨论。

而员工主动离职又有两种情况：一种是因非公司原因而离职的，比如追随家庭离开本地、需要继续升学之类的情形。另一种则是员工因公司的各种原因而离职的，这也是下文着重要谈的离职因素。

## 2. 维系公司和员工关系的"薪心相印"模型

上一节，我们谈到公司与员工的关系就如同夫妻之间的婚姻关系。借用维系婚姻的几个维度，我们可以用以下模型表示影响员工的离职因素，如图 6-2 所示。

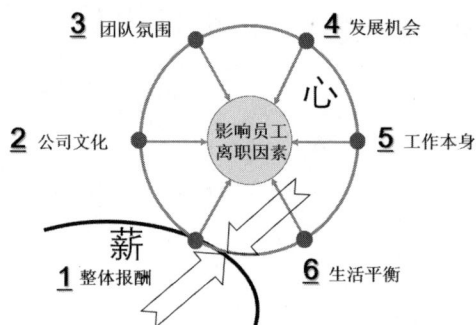

图 6-2　员工保留之"薪心相印"模型

第一个维度：整体报酬

公司与员工的合作必须建立在一定的物质基础上（薪酬福利等）。没有一定的物质基础，只要求员工付出劳动，双方的关系肯定无法长久维系下去。

当然，就如同物质基础不是维系夫妻婚姻的唯一因素一样，物质基础也不是维系公司与员工关系的唯一因素。

如果公司与员工除了报酬关系之外几乎没有其他的关系，要么员工是毫无热情机械式地工作，要么员工很快就会结束与公司的这段关系。

第二个维度：公司文化

在公司与员工的关系中，所谓的三观一致也是指员工对公司文化的适应度。如果员工无法适应公司的文化，毫无疑问双方的合作也无法继续。

对于员工而言，理想的公司就是那种离开之后仍然觉得它很伟大的公司。

第三个维度：团队氛围

管理学上有一句谚语：员工加入因为公司，离开往往因为上司。许多员工离开不完全是因为薪水以及公司文化，而是因为"恶婆婆"般的上司让员工生无可恋。

第四个维度：发展机会

员工就可以接受当下的薪水比市场低一些，但一定要让他看到未来的希望并相信它。

第五个维度：工作本身

不得不承认，有一些岗位的工作就是周而复始、枯燥无味的重复性工作。比如许多公司客户服务中心的客服代表，一天要接上百个电话，说同样的话，还不能反驳那些故意挑刺、粗鲁不堪、带骚扰的询问者。再比如说一些快餐行业的服务人员，由于重复性、低技能、低工资要求，这类工作本身就会带来很高的离职率。

第六个维度：生活平衡

如果一份工作已影响到员工正常的生活，比如过长的上班时间，一天三四个小时的通勤时间等，那么员工往往就不得不在工作与生活中做一个取舍。

## 3. "薪"与"心"，战场上的攻守双方

先讲一个真实的故事：

我有一个多年的朋友，做进出口贸易，公司大约有十几个人，平时朋友们都很喜欢他，待人诚恳、仗义、大方，但就是性格比较急躁，事情稍不如意就立刻发飙。

有时他会请我到他的公司喝茶，聊聊天，谈谈未来的想法，多一个人参谋和讨论也好，类似顾问的性质。

有一次，我们俩正在他的办公室喝茶聊天，正好他的一位下属进来汇报事情，可能是事情的发展不太如意，他生气地把茶杯用力往桌上一放，就开始凶他的下属："我早就跟你们说过，这事这样做不好，你看搞成这样……"

此时挺尴尬的，我只好站起缓和气氛，于是对我朋友说："你先喝口水。"然后走到他下属面前，拍拍他肩膀说："你先出去一下。"

接着，我随着他的下属一起出去了，回到他的工位，我就问他："怎么样，被张总骂不好受吧？"

他下属回答："是呀，我们都很讨厌他这一点！"

我接着又问："那你为什么还待在这呢？"

他下属回答："那还不是看在他给钱比较多的份上。"

得，我就等这句话了，我立马回到办公室，很严肃地对我朋友说："你以为你

是总经理就可以随便骂人吗？我告诉你，你每骂一句其实都是从你口袋里多掏一点钱。如果你愿意这样，那请继续。"

我朋友愣了一下，从没人这么直接把问题反馈给他的！

是呀，你又想骂人，又不想给钱，你以为自己是谁呀，你又不是上帝之子！

前面说了影响员工离职的六个因素，第一因素是整体报酬，我们用"薪"来代表；第二到第六的公司文化、团队氛围、发展机会、工作本身、生活平衡则需要公司与管理者用"心"经营。

通过"薪心相印"模型我们会发现，"薪"与"心"有时就如同是战场上的攻守双方，你进我退，此消彼长。

想一想，当一家公司在文化、氛围、发展机会、工作本身、生活平衡等"心"的方面不足时，又想要员工留下工作怎么办？

答案是当公司没有独特的价值主张，唯一的办法只能是付出比市场高出许多的薪水。"心"弱，则"薪"需要强，就如同战场上的攻守双方。这就如同一个商品不能为顾客提供差异化的价值，顾客选择的唯一标准就只有价格了。

相反，如果一家公司在文化、氛围、发展机会、工作本身、生活平衡等"心"的方面做得都不错时，即使薪水没有太大竞争力，但员工也愿意留下来。其实，这也是许多成熟的国际企业在中国大陆的分公司为什么薪酬策略会选取五十分位或六十分位的原因。

"薪"与"心"的作用在实际工作中对员工而言又有如下四种情形：

① 薪高且心爽：这对于员工来说是最理想的工作状况，员工当然会心满意足地留下。然而这样的好事情在市场并不多，机会可遇不可求。

② 薪可接受且心爽：员工薪水可以接受而心爽，也算是较为理想的情形，这也是许多企业的目标，毕竟更高市场分位的薪水定位不符合企业利益最大化的要求。

③ 薪高但心不爽：这是部分民企里某些岗位的写照，薪水比市场高出不少，但员工不得不接受老板颐指气使，三更半夜随时待命开会之类的情形。

④ 薪低且心不爽：员工不仅失望，而且还绝望，早就想结束这段雇佣关系，一有机会，立即走人。

"薪"与"心"在不同企业的做法可能会不一样。

较大企业在吸引及保留人才的途径方面经验相对丰富。除了薪酬之外，还有品牌知名度、企业文化、发展机会、工作生活平衡等机制，这些机制对员工的吸引力不输于薪酬本身。而如果中小企业不具备这些，这时只能拿较高薪酬吸引求职者。相对的，高薪背后是高目标、高要求以及老板的个人癖好，这种公司与员工的关系不一定会长久。

因此，无论是大企业还是中小企业，要想方设法从"心"入手提高员工的认可与承诺：从招聘开始就要选拔与企业文化高度符合的人，而进入企业之后要通过各种方式在文化、氛围、发展机会、工作本身以及生活平衡方法强化他们对组织及岗位的认同感，从而留住员工，实现员工和企业的共同成长。

马云在其创业最艰难的时期，没有钱给员工发工资，甚至还要跟员工借钱再发给他们。可想而知，如果员工没有在"心"的方面和组织达到高度一致，创业团队或许早就瓦解了，也就不会有后来辉煌的阿里巴巴了。

马云某次演讲时说道："员工的离职原因林林总总，只有两点最真实：1. 钱，没给到位；2. 心，委屈了。这些归根到底就一条：干得不爽。员工临走还费尽心思找靠谱的理由，就是为了给你留面子，不想说穿你的管理有多烂、他对你已失望透顶。"

### 4. 员工离职的 3363 定理

在人力资源管理中员工离职有个 3363 定律，这个定律很形象地与"薪心相印"模型对应起来。

第一个 3 指的是员工进入公司第三周离职，在这种情况下，通常是双方在信息沟通上出现了偏差，员工自己觉得受骗了（薪资，工作环境等不符）。当然，也不排除有的公司为了迅速"填坑"确实用了些误导应聘者的信息。

第二个 3 指的是员工进入公司第三个月离职，这种情况大都和不适应公司的文化有关，也就是我们所说的三观不一致。

第三个 6 指的是员工进入公司第六个月离职，员工已进来半年了，薪水是入职时谈好可接受的（至少一年内不会有变化的），对公司的文化也适应，这时团队管理者的管理风格以及团队氛围的作用就慢慢显现出来了，是让员工"如沐春风"还是"生无可恋"，六个月足以感受。

第四个 3 指的是员工进入公司第三年或以上离职的，此时工作已有一段时间也会失去新鲜感，甚至有一种倦怠感，同时对岗位技能的熟练掌握让自己想寻找发展机会，如果再加上工作生活的平衡因素，过多的加班，频繁的出差，过长的通勤时间等，都会让他们有跳槽的冲动。

"薪心相印"模型可以帮助管理者了解如何留住员工的关键因素，我们在第五章"不为五斗米折腰，但二百斗可以"已谈过薪酬的话题，接下来的章节会为大家分享与"心"有关的每一个话题，即俘获人心的五个方面。

# 三、用"心"经营一：三观一致，企业文化是关键

## 1. 新闻的启示

不知大家有没有发现，每隔一段时间就会有这样的新闻报道：

"某某网讯　×月×日，某某省某某市某某法院公开审理了一起传销团伙强拉人入伙不成而故意杀人、非法拘禁案，×名被告人因涉嫌故意杀人、帮助、毁灭伪造证据、非法拘禁罪被检察机关提起公诉。"

每当看到这类新闻时，人们常常为生命的离去而惋惜，更痛恨害人不浅的传销组织！

俗话说："一个巴掌拍不响。"那些加入传销组织的人可能本身就有期望自己

不劳而获、一夜暴富、一劳永逸实现财务自由的想法，他们一般不会期望努力学习一门技能，不断积累经验，慢慢找准自己的社会定位。

而传销组织正好提供了这样的机会，双方一拍即合。

不要说这些人只是单纯，是被骗的，他们已满十八周岁，理应为自己的行为负责任。

有需求就会有供给，只要具备这样价值观的人存在，类似的新闻每隔一段时间依旧会出现。

从新闻案例的启示往外延伸，我们会发现价值观其实是个体与组织的黏合剂，当个人价值观取向与组织的价值观越一致，其留任的可能性就会越大。而类似的价值观在现代企业中我们称之为"企业文化"。

### 2. 什么样的企业文化就会吸引什么样的员工加入

什么样的企业文化就会吸引什么样的员工加入。员工与企业就像谈恋爱，强扭的瓜不甜。企业文化具有共同认可的特性，组织文化对员工行为有着潜移默化的影响，如果组织和员工发生核心价值观上的冲突，最后的结果只能是员工离开。

许多年前，我曾经到一家企业参观与交流。有一类台资企业的管理风格是"员工一切行动听指挥"，就如同富士康当年"半军事化管理"的样子。

当我们进入到其敞开式的办公大厅时，整个大厅是鸦雀无声的，但工作人员忙忙碌碌的，打电话的人都是用手捂着话筒，生怕他人听到。当我们走进办公室时，发现每一位的桌子都整理得井井有条，而且每一张办公桌右上角都用红线标了个圆圈。

此时，我有点好奇地问这家公司陪同的工作人员："请问这个圆圈是做什么用的？"

这位工作人员用异样的眼神看了我一眼（意思是我连这都不知道），回答说："这是用来放水杯的，公司有规定，水杯要么放在红线圈里，要么拿在手中，不得出现在第三个位置，否则就会被处罚。"

我听后默然地想："糟糕，要换成我在这家公司，可能三个月都待不下去。"因为我喜欢的公司文化是只要你完成任务并遵守公司规定，谁管你是否把水杯顶在头上还是放在哪里，更不用说办公室可以有自己个性化的东西了。

企业文化没有对与错，我并不是说这家企业的管理文化不对，只不过如果这家企业的企业文化没有任何变化，将会发生一件对它来说可怕的事情：人才选拔的空间会越来越小！毕竟在这个不断向前的时代，"受虐狂"只会越来越少！

那什么是企业文化？以下是一些形象的说法供读者参考：

·企业文化是让员工感觉好的一种氛围，一套规范，一些习惯，一系列观念，一切行为举止。

·员工对企业文化最直观的感受来自于：晋升了谁？辞退了谁？奖励了谁？惩罚了谁？

·制度是让想犯错的人犯不了错，企业文化是让有机会犯错的人不愿意犯错。

·企业文化就是不需要告诉你该怎么做，而你却知道该怎么做的那个东西。

·企业文化是一种渗透在企业一切活动之中的东西，它是企业灵魂所在。

·企业文化非常像是鱼缸里的水，尽管它在相当大的程度上是不易被人重视的，但是它的化学成分以及能够支持生命的元素却深深地影响着鱼缸里的生物。[①]

当然，比较理论的说法是：企业文化是组织成员的共同价值观体系、思维方式、行为方式以及企业规范、企业生存氛围的总和，可以分为精神层、行为层和物质层三个层面，它使组织独具特色，区别于其他组织。

### 3. 用"房子"模型表述企业文化的真实内涵

一家组织的企业文化都包含哪些？其实，企业文化包含着哲学三大主要命题：为什么存在（使命）、成为什么（愿景）、如何去（战略）再加上如何存在（价值观），就是一个完整的企业文化阐述了。我们可以借用"企业文化房子模型"来形象地表述，如图 6-3 所示。

---

① 王晓东.企业如何为员工"实验"留出空间 [J].职场，2012（1）:50.

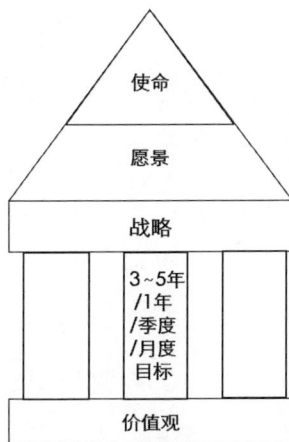

图 6-3　企业文化模型图

这栋房子模型的最上部分是公司的使命，也就是回答一家公司为什么存在的目的与理由。彼得·德鲁克认为：为了从战略角度明确企业的使命，应系统地回答下列问题：① 我们的事业是什么？② 我们的顾客群是谁？③ 顾客的需要是什么？④ 我们用什么特殊的能力来满足顾客的需求？⑤ 如何看待股东、客户、员工、社会的利益？

在回答这几个问题的过程中，思考企业的产品或者服务在与客户和市场不断互动、碰撞，孕育或得出对客户价值的共识，这才是公司使命的关键。

我们可以参考一些公司使命的例子：

麦肯锡：让政府和企业更成功

迪士尼：使人们更加快乐

耐克：体验竞争、获胜和击败对手的感受

万科：建筑无限生活

苹果：用科技改变世界

阿里巴巴：让天下没有难做的生意

腾讯：用户为本、科技向善

企业文化房子模型中的愿景指的是组织或个人将使命付诸实践且希望在未来的

五年、十年或二十年达成的理想图景（注意：达到理想状态的主体绝非仅指组织 /
个人，还包括服务的客户等。理想图像要最大限度与客户或社会共同分享，决不能
"自嗨"）。愿景的表述方式可以借鉴第五章第四节 BHAG 的四种表述方式。

我们可以参考以下一些公司的愿景：

沃尔玛：在 2000 年时成为拥有 1 250 亿美元的公司（1990 年提出）

耐克：击败阿迪达斯（1960 年提出）

华为：聚焦客户关注的挑战和压力，提供有竞争力的通信解决方案和服务，持
续为客户创造最大价值

阿里巴巴：成为一家活 102 年的好公司，到 2036 年，服务 20 亿消费者，创造
一亿就业机会，帮助 1 000 万家中小企业盈利

苹果：成为全球企业领袖

回答完公司使命、愿景后，一家公司还需要有如何实现使命、愿景的战略，也
就是"如何去"的问题。并且把这个它分解成一个又一个的目标，目标就如同是支
撑起房子的柱子，只有完成了月度、季度、年度目标，才能朝使命、愿景迈进一步，
这幢房子才能越建越高。

没有完成一个个目标，使命、愿景、战略就是空中楼阁、水中月、镜中花。

最后，这一栋能够在暴风骤雨中屹立不倒的百年大厦，必须拥有坚固的基石，
地基打得越牢，楼房才能建得越高。这个地基就是我们所说的企业所遵循的价值观。
价值观回答的是在这个企业做人做事的方式，良好的价值观帮助企业实现高强度的
凝聚力和向心力。

彼得·德鲁克曾说过："组织和人一样，也有价值观。两者的价值观不一定要
相同，但是必须相近到足以共存。否则，个人在组织中不仅会感到士气低落，而且
做不出成绩。"

我们可以看一下一些公司的价值观：

宝洁：敢为人先、主人翁精神、诚实守信、积极求胜、信任

腾讯：正直、进取、协作、创造

中国移动：正德厚生、臻于至善

京东：客户为先、只做第一、正道成功

阿里巴巴：客户第一　员工第二　股东第三 / 因为信任　所以简单

　　　　唯一不变的是变化 / 今天最好的表现是明天最低的要求

　　　　此时此刻　非我莫属 / 认真生活　快乐工作

西门子：勇担责任（坚守商业道德、恪尽社会责任）

　　　　追求卓越（取得最佳成绩和最佳业绩）

　　　　矢志创新（开展创新活动，为公司创造可持续性价值）

一家公司不一定非要把市场上流行的价值观搬过来套用在自己企业身上，而是要发现自己的核心经营理念与价值观，不要把你认为组织应该拥有（而实际上却没有拥有）的核心价值观与真实存在的核心价值观混为一谈。

同时，看一家公司的企业文化，绝不是看它墙上的烫金大字写着什么，而是看它做了些什么。公司真正的核心价值观是需要由管理层身体力行、不断践行的。

"诚信、和谐、创新、责任，诚是立身之本，信是兴业之本。诚信是三鹿公司的基本准则，也是三鹿人的基本信念和处事态度。"这是三鹿公司随处可见的企业价值观宣传文，多么具有讽刺意味！它的诚信、和谐、责任都去哪里了？创新倒是创新了。

坚守企业的价值观不是一件容易的事，特别在面对各种利益面时。2016 年阿里巴巴的月饼门事件就很好地体现了这一点。

2016 年中秋，如以往传统一样，阿里巴巴为员工家人准备月饼，每位员工一盒。由于那年的月饼造型可爱，受到大家欢迎，不少员工希望再多买几盒送给亲朋好友。为此，公司行政决定将为数不多的余量月饼通过内网以成本价销售给员工，并临时开发了一个内部预定页面。结果有四名程序员使用脚本，多刷了 124 盒月饼。有人说这不违反阿里巴巴的价值观，反而是一种创新，是年轻人活力的体现。但最后，为了维护企业文化的核心价值观，阿里巴巴讨论决定和这四名员工解除劳动合同。令人搞笑的是，这四名员工刚离开大门，就有其他公司的 HR 在门口递上了录用通知书。

### 4. 最优秀的不一定最适合

在招聘中往往是最适合的应聘者能拿到录用通知书，其中一个原因就在于企业需要的是与公司文化相匹配的员工（第二章的合不合维度）。在一个能力十分突出但与企业文化不相符合一个能力一般却高度符合企业文化的应聘者中，企业一般会选择后者。因为能力可以培养，而内在的价值观却是难以改变的。

从能力和价值观认同的关系来看，所有团队的员工都可以归到以下四类人：

第一类，能力强并与公司的价值取向一致，这些人是明星，需要好好保留。

第二类，对那些在两个方面都处于低水平的人应被淘汰。

第三类，与公司价值观一致，但其能力较低者，应进行辅导与帮助，以期成为明星。

第四类，也是最考验管理者的一类，即能力很强但不认同甚至反对公司核心价值观的人应该怎么办？比如某一位员工行事一直很独断，但公司的价值取向是团队协作。强有力的团队管理者会毫不犹豫地让这些人离开，即使以短期损失为代价。

前通用电气 CEO 杰克·韦尔奇在其回忆录《赢》一书中说道："做出清除这些员工的决定会造成损失与影响，但为了使员工开放、直言、荣辱与共、敢于对传统的权威挑战，我们必须这么做，这也是对我们是否能做到'言行一致'的考验。"

管理领域有一句俗语：基层不谈战略，高层不谈文化。这句话的真实含义是企业文化是靠行动，而不是喊口号。

员工的眼睛是雪亮的。管理者如何认同并践行公司文化理念，是员工感受公司文化氛围的关键因素。

战略是如何带领大家走正确的路以及如何走，而文化则是鼓励这些人在正确的道路上不管艰难险阻勇往直前。

好的业务模式可走得快，好的团队则可以走得稳，而好的文化可以走得更远。

# 四、用"心"经营二：员工加入因为公司，离开往往因为上司

### 1. 直属主管对员工的离职往往有着直接的联系

某种意义上，所处团队的氛围对于维系员工有着直接联系，因为员工在入职后对公司的认同首先来自于对自己直属领导的认可，然后才是面向公司整体。管理学中的"加入是因为公司，离开是因为上司"指的就是这个意思。

不要以为当公司任命一位同事担任主管时，他就是合格的管理者。事实的真相是这位主管往往离合格的管理者还有很大的距离。

那些让下属每天做噩梦或者天天巴不得领导快些调走的管理者对员工的伤害是非常大的。

据知名咨询公司盖洛普的一项调查表明：一个有才干的员工之所以加入一家公司，可能是因为这个公司既有独具魅力的文化，又有可以接受的薪酬福利和有期许的发展培训及空间。但是这个员工在这家公司究竟能待多久，其在职期间业绩如何，则取决于他的直管领导。

同样的，据怡安翰威特咨询公司对两万名刚离职人员的一项调研发现：绝大多数人离职并非由于薪资，而是由于他的直属上司。调研还发现，公司主管和员工本人对离职原因的答案是不同的。公司主管提及的排前六个原因依次是：薪酬问题、发展机会、文化环境、得到肯定、工作上的挑战、主管问题。而员工提及的前六个原因依次是：主管问题、工作生活平衡、发展机会、薪酬问题、文化环境、与同事的关系。

你看，薪酬往往是主管嘴里员工离职时最好的借口。

### 2. 企业里四种典型糟糕的领导类型

以我二十年的观察，一些糟糕的上司主要有以下几种类型：

第一种类型：兴奋型上司

【别名】新人综合症

【症状】初为管理者，居然有人可以被使唤，异常兴奋；总想显示个人权威，发号施令如同 CEO；盛气凌人、出言不逊、甚至侮辱下属；一切均按自己的个人想法实施；无视团队文化与员工引导；不屑公司制度与流程；团队无凝聚力，员工流失率极高，个别岗位甚至员工一年内更替一轮。据形态确认此类为新人狂躁症。

【处方】

· 选拔时应关注具有管理潜力的候选者；

· 上岗前接受相关的管理培训；

· 其上司在新人上任前期多跟踪与辅导；

· 给予经验丰富的导师。

第二种类型：控制型上司

【别名】一切尽要掌握综合症

【症状】在管理岗位上觉得自己无所不能，公司派他 / 她到这个岗位简直就是拯救人类于水火，一切都要推倒重来，都得听他 / 她一个人的指令；极其不信任下属，早请示、晚汇报是小儿科，恨不得二十四小时随时掌握下属行踪；事无巨细，无论多小的事情都必须由他 / 她拍板决定，员工就是他 / 她操控的机器或木偶；一个无关紧要的细节他 / 她可以说上半个小时；一份 PPT 文件要改无数次方能让他 / 她满意；其性格反复无常、朝令夕改令下属无所适从，据形态确认此类为掌控综合症。

【处方】

· 情绪不稳定则团队不稳定；

· 抓大放小，懂得抓重点，让岗位上的人对其职责负责，不要胡子眉毛一把抓；

· 相信下属，信任就是一种最强大的领导力；

· 学会授权；

·导师辅导其安全感。著名心理治疗师海灵格曾说："幸福的家庭都有一个共同点：家里没有控制欲很强的人。"幸福的团队也是这样。

第三种类型："榜样型"上司

【别名】兵熊熊一个，将熊熊一窝

【症状】此榜样为负面榜样，属于上梁不正下梁歪，无法起到表率作用。具体表现为要求员工做到的自己永远做不到，嘴上说一套，做起来另一套；无法培养下属，典型的电影里国民党军官形象，在后面用枪指着士兵猥猥琐琐地说"给我冲"，据形态确认为不上进科。

【处方】

·管理的根本就是以身作则。以身作则，不是劝导他人的重要途径，而是唯一途径；

·己所不欲，勿施于人；

·政者，正也。子帅以正，孰敢不正。

第四种类型：无所谓型上司

【别名】没心，没肺，无感情（三无）

【症状】此症状亦长见于部分资深管理人员，具体表现为：秉公上下班，一切按流程。不是我责任，员工关我何？有的管理者甚至叫不出部门员工的名字。据形态确认为安逸过久科。

【处方】

·用心，你也是一个有感情的人；

·改变：新环境，新岗位；

·你无所谓，公司有所谓。

以上四种类型，也请部分管理者们对号入座，有则改之，无则加勉。

# 五、用"心"经营三： 薪水是现货，希望是期货

## 1. 人都活在希望之中，员工也一样

"潘多拉的盒子"讲的是希腊神话故事里的潘多拉因为好奇心，不顾伊皮米修斯之前的告诫，打开了众神送的礼物魔盒，结果一团烟冲了出来，将礼物释放出来，这里面包含了贪婪、虚伪、诽谤、嫉妒、痛苦、幸福、瘟疫、忧伤、友情、灾祸、爱情等。知道闯祸而感到害怕的潘多拉，这才赶紧将盒子盖上，但为时已晚，盒子里只剩下了"希望"。

因此，即使人类不断地受苦、被生活折磨，但是心中总是留有可贵的希望，只要有希望就有生存搏斗的勇气，也才能让我们走向未来。

员工与公司的关系亦是如此。除了员工付出辛苦劳动应该获得的报酬外，公司一定要让员工看到自己的未来与希望，并把个人的未来与希望与公司的梦想（使命、愿景）结合在一起。

1983 年，时任百事公司总裁的约翰·斯卡利被乔布斯"挖"到苹果公司工作时，据说所开出的工资其实远不如百事公司。但乔布斯的一句话："你是准备卖一辈子汽水，还是想跟我一起改变世界？"这让约翰·斯卡利最终加入了苹果公司。

你看，乔布斯就利用梦想成功地说服了约翰·斯卡利。

## 2. 员工对未来期许的两个维度

我们前面说过："给员工一个可期许的未来，对员工来说是最好的赋能方法。"那在企业里，如何让员工看到希望呢？总的来说给员工希望可以分为横向与纵向两个维度：

横向维度，主要是在双方成为合作伙伴期间，企业让员工看得到自己的能力得到提升，在社会的竞争力更强，这样可以增加社会价值排序更靠前的可能性。

可预期的公司前途以及良好的学习氛围、一位值得跟随的老板、有挑战的工作，这些都是帮助员工能力提升的关键因素。

有一些成熟的外企，其在中国的公司薪酬定位并不会太高，大约在市场上也就50 分位到 60 分位之间，但每年到学校进行校招时，却仍有许多优秀学生申请加入，为什么？其中一个很重要的原因是这些学生们看重的是在外企可以学习的机会以及能力提升的空间较大。

纵向维度，未来社会价值排序靠前的确切性。职位随着公司发展的提升以及它们带来的金钱收入，甚至各种股票期权都可以让员工的社会价值排序更靠前。

在过去二十多年，我们听过太多互联网的造富神话，这些神话都是通过股票期权来实现的。一般来说，互联网创业初期都是非常艰苦的。苹果、谷歌当年都是在车库里创办，或者刚开始就是三五个人来七八条枪，如同阿里巴巴成立之初的十八罗汉一样。可为何这些智商超高的人愿意在初期过苦日子、苦打苦熬地折腾呢？其中一个很重要的原因是他们对未来的期许，特别是股票行权的那一天。

当然，结果是许多人成功，也有许多人失败。但不管如何，在这个过程中能让他们坚持下来的除了自我的信念与热爱外，剩下的就是可期许的未来了。

就如同婚姻，无论当下现状如何，你得让对方对未来怀有一丝希望。

管理者们，你打算给你的员工什么样的可期许的未来呢？

# 六、用"心"经营四：善于给员工修路

## 1. 给予员工足够资源／工具支持，尽量简化工作流程

在谈这个话题之前，先介绍一个人爱德华兹·戴明（1900—1993），戴明博士是世界著名的质量管理专家，他最早提出了 PDCA 循环的概念（图 6-4），所以又称 PDCA 为戴明环，他因对世界质量管理发展做出的卓越贡献而享誉全球。

戴明博士对企业中的各种问题进行分析时发现，绝大部分的问题都是组织系统存在的缺陷导致的，但许多管理者却很容易把其归咎给员工。

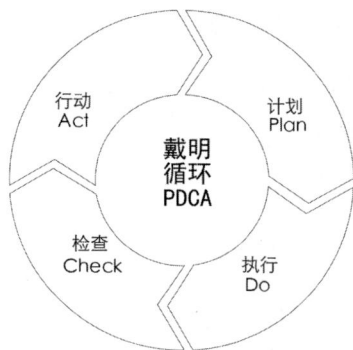

图 6-4　PDCA 循环

他有一句口头禅："凡事皆为系统，我们皆在其中。"他进而提出，员工在系统之内工作，管理者要在系统之上工作。意思就是，管理者的一项主要工作就是不断地改善系统（给下属修路）。

从工作的挑战性来看，对于一些重复性、周期性的工作岗位，比如客户服务中心的客服代表，由于工作本身的特质将使这些岗位保持着一定的员工流动，这也是企业离职率产生的一个原因。

另外，员工的能力不足以胜任岗位要求，以及员工的职业兴趣方向与当前的工作并不相符也是工作本身导致员工流动的原因。因此，我们在第三章"首先选对人"里谈到过选聘员工时，不仅仅只是考虑其能力（会不会）、个性特征（合不合）是否与岗位要求匹配，还需要考虑其意愿、期望，提供的岗位机会与其职业发展方向是否一致等（想不想）。

在"薪心相印"模型里，工作维度本身就包括员工能力是否胜任岗位的要求，工作是否具有挑战性，是否有足够的资源／工具支持，工作流程是否繁琐复杂等因素。而工作是否有足够的资源／工具支持，工作流程是否繁琐复杂就是管理者修路的主要方面。

"我不管过程，我要的是结果！""大家要好好干，谁在这个月销量能达到1 000 件，奖金就多发 500 元……""工作数量和质量达不到标准的，要扣发当月奖金……"

我们经常听见管理者在会上这样说，在和员工谈话时这样说，在对下属发脾气时这样说。

要结果而不管过程，似乎已经是管理者们的一句口头禅了，似乎这就是团队执行力的表现。可我们知道，把问题归到人身上，是本性；而把问题落在流程上，那是本事。

### 2. 管理者善于"修路"，员工工作起来才会有成就感

在任务目标与最终结果之间是有个过程的。企业分工越细致，过程就越复杂。每个部门都有自己的 KPI，每个环节都有不同要求，都需要不断沟通协调。公司越大，"大公司病"的症状就会慢慢体现出来：机构臃肿、多重领导、办事推诿、相互扯皮、互相掣肘、人浮于事、流程长决策慢、甚至出现螃蟹效应。

钓过螃蟹的人都知道，篓子中放了一群螃蟹，不必盖上盖子，螃蟹是爬不出去的，因为只要有一只想往上爬，其他螃蟹便会纷纷攀附在它的身上，结果是把它拉下来，最后没有一只出的去。如果组织里只剩下一群互相牵制的螃蟹，那么组织就永远没有活力。

此时，光靠员工一个人的努力已无法在这个过程中顺利完成任务。当工作繁琐复杂超出员工的接受程度时，离职可能就是唯一的选择了。

十几年前有一本流行的商业读物叫《把信送给加西亚》，里边的罗文中尉"没有任何借口"的执行力让各级老板们笑开怀，恨不得下属人手一册，人人变成罗文中尉。

可大家要知道，罗文中尉是独立完成任务，过程中不需要流程和团队协作，加之坚强的意志及必胜的信念完成任务当然没有问题。可是企业的实际情况并不是这样。每个岗位只是网状中的一个结点，需要大量的沟通与协作。此时作为管理者，其价值就不光是规划目标、发号施令、要结果，还要学会"修路"，帮助改进系统。

18 世纪，英国政府将囚犯运往澳洲搞开发。运输承包给私人，政府按上船人数付费。结果英国政府发现囚犯死亡率奇高。原来船主为了牟取暴利严重超载，甚

至行驶到海中的时候把人扔进海里，反正钱已收到了。

鉴于犯人的高死亡率，英国政府决定在每艘运送船上安置一位政府官员去监督船长的运送行为，并给随行官员配备了当时最先进的手枪。同时，还对犯人在船上的生活标准做了硬性规定，甚至还给每艘船只配备了医生。

这个措施实施的初期，船主的虐待行为确实受到了遏制，政府官员的监督也好像有效。但是，事情很快就发生变化了，长时间远洋航行的险恶环境和金钱诱惑，诱使船长铤而走险。他们利用金钱贿赂随行官员，并迫害不愿同流合污的官员、甚至将他们扔到大海里。

据说，当时船上不少监督官员和医生都不明不白的死亡。面对险恶的环境和极具诱惑的金钱，随行官员大多选择了同流合污。于是，监督开始失效，船长的虐待行为越发变本加厉。

最后，英国政府无奈改变付款规则：不再派随船官员和医生了，由上船时的人数付款改为下船时按人数付款。很快，死亡率骤降到 1%。

你看，同样的事情，但不同的流程顺序，得到的结果就会不一样。如果管理者不懂"修路"，只懂得在员工身上下功夫，加强管理，严格控制，一切皆枉然！

《史记·鹖冠子》有一个典故，讲的是魏文王问扁鹊三兄弟谁的医术好，扁鹊回答说："长兄最好，二哥次之，我最差。"魏文王又问："那么，为什么是你最出名呢？"

扁鹊答说："我长兄治病，是治病于病情发作之前。由于一般人不知道他事先能根除病因，所以他的名气无法传出，只有我们家的人才知道。我二哥治病，是治病于病情初起之时。一般人以为他只能治轻微的小病，所以他的名气只及于本乡里。而我扁鹊治病，是治病于病情严重之时。一般人都看到我在经脉上穿针管来放血、在皮肤上敷药等大手术，都以为我的医术高明，诸侯都知道我。"

好的管理者就应如扁鹊的大哥一样，上工治未病，平时防患于未然，悄无声息把路修好了，员工工作时才不会觉得工作无法推动，这样工作员工才会有成就感，才更乐意发挥自我，才不会因为工作流程过于繁琐、感到无助而想离职。更重要的是，当员工拥有成就感时，关键时候领导一声令下，员工就能指哪打哪，团队就有战斗力。

# 七、用"心"经营五：平衡工作和生活

## 1．人生四角色平衡

许多年前，一位老朋友跳槽到某一鞋服民营企业担任高管，分管市场与品牌工作。我们大约每半年见一次面，聊聊近况与工作心得。有一次见面时，他告诉我他都快成公司管理层的老员工了（意思就是管理层人员更换频率很高），我开玩笑地对他说："这不很好吗，说明你在公司的资历更深了。"

后来又见面时，他告诉我他要离职，我很惊讶，因为以他的年收入来说，在当地市场算很高的了。我问他为什么，他回答说："你很难想象，这份工作需要一年三百六十五天，手机二十四小时随时待命，如果老板凌晨睡不着就会要求去公司开会的情形。我是有老婆孩子的人，我的生命不应只有工作。"

前面我们说过，每一个人都扮演着不同角色。当然，工作（社会价值排序以及带来的金钱收入）是影响其他三个维度的重要因素，但不应是生命的全部。

在人生的不同阶段，对不同身份角色投入的时间与精力略有不一样。年轻时，可能会在职场、自我角色的投入多一些；到了中年，可能会在家庭角色、职场角色投入多一些；等到快退休时，可能在社会角色的投入会多一些。

2019年时，关于工作996的话题引起社会很大反响和共鸣，996是指现在很多岗位，特别是IT和互联网公司的工作时间早晨九点至晚上九点，每周工作六天，故而简称为996。这一话题当时因为马云的加入而引起发酵。

阿里巴巴的官微率先分享了马云在阿里内部交流活动《帕特纳有约》上对近

来热门话题 996 的看法。马云在内部交流中提到："今天中国 BAT 这些公司能够
996，我认为是我们这些人修来的福报。"马云在交流中对阿里的员工们说："这
个世界上，我们每一个人都希望成功，都希望美好生活，都希望被尊重。我请问大家，
你不付出超越别人的努力和时间，你怎么能够实现你想要的成功？"

随后，4 月 12 日晚，马云在微博上再次发声，不为 996 辩护，但向奋斗者致敬。
马云表示：任何公司不应该也不能强制员工 996，阿里巴巴从来都提倡认真生活，
快乐工作！但是年轻人自己要明白，幸福是奋斗出来的！不为 996 辩护，但向奋
斗者致敬！

其实，马云想说的正是：人生四角色是动态的，不同物质生存条件下、不同年
龄阶段的人们对于各种角色的追求是可以不一样的。但当你年轻时，有个好平台时，
多把时间与精力放在职场上也不是坏事。

### 2. 认真生活，快乐工作，是每一位职场人的追求

现在越来越多的"95 后""00 后"踏入职场工作生活四个角色的平衡正逐
渐成为他们职业思考与选择的重要影响因素，也成为是否愿意继续在企业工作的
关键。

这里我引用前可口可乐总裁布莱恩·戴森在乔治亚理工学院毕业典礼上的演讲
词，这是一篇关于平衡工作和生活的建议：

"想象生命是一种往空中抛五个球的游戏，你把这五个球分别取名为：工作、
家庭、健康、朋友和心灵，而且你要努力不让它们落地。你很快会了解到工作是一
个橡皮球。如果你让它落地了，它还是会反弹起来，但是，家庭、健康、朋友和心
灵这四个球是用玻璃做成的。如果你让它们掉到地上，它们将会不可避免地遭到磨
损，留下印记、划痕，摔破甚至碎落一地。它们将永远不会跟以前一样。

你必须了解这个道理，并且努力保持生活的平衡。但要怎么才做得到呢？

不要拿自己和他人比较而贬低自己的价值。正是因为我们彼此不同，所以每个
人才很特别。

不要因为别人看重哪些东西而把它们设定为自己的目标。只有你才知道什么最适合自己。

不要将最亲密的人或事视为理所当然的。好好珍惜他们，就像是你的生命一样，因为没有他们，生命将失去意义。

不要让你的生命总在留恋过去或是遥想未来中流逝。如果你活在每个当下，你就活出了人生的精彩。

当你还能给予的时候别轻言放弃。只要你不放弃，万事皆有可能。

不要害怕承认你并非完美。我们正是借由这脆弱的细丝紧密地联系在一起。

不要害怕遇到危险。我们正是在冒险中学会勇敢的。

不要以真爱难求为借口而紧闭心扉。找到爱最快的方法就是给予你的爱；失去爱最快的方法就是紧紧地守着你的爱不放；维系爱的最好方式就是给爱一双翅膀。

不要匆忙地走过你的一生，以至于忘了自己到过哪里，要往哪里去。

不要忘记，人类最大的情感需要是被人欣赏。

不要害怕学习。知识不会成为负担，是你可以轻松携带的珍宝。

不要漫不经心的蹉跎光阴或信口开河。时间与话语都是收不回来的。

生活不是一场赛跑，而是每一步都需体味的旅程。昨天已成历史，明天还未可知，而今天则是一份礼物：那就是我们为什么称它为"当下"。

在制造行业工作的管理者应该会有深刻体会。现在生产线上的年轻人越来越不爱上夜班，哪怕提高夜班津贴也不愿意。问他们原因，答案是：这么美好的夜晚，为什么要与冷冰冰的机器打交道呢？

勤奋加班的员工 = 敬业的员工，管理者不应有这样的思维定式。

管理者不要把注意力放在员工工作时长上，而应把注意力放在员工的效率和效能上，不断提升员工的能力，不断在工作中帮助员工修路，在有限时间内产出更大的效率。这才是一位管理者应该追求的方向。

认真生活、快乐工作应是职场中所有人的追求！

# 八、保留员工的底层逻辑

## 1. 忠诚只是因为背叛的筹码还不够高

十年前，我曾在《厦门日报》上开设过一个小专栏，专栏名叫"人力资源博客"，写的是自己在日常管理工作中的心得与体会，每一篇大约千把字。

由于专栏下留有邮箱，所以总会有读者看完后与我互动交流，其中有一些是厦门本地的中小企业主。我抱着观察中小企业管理现状的心态，与其中一些成为日常交往的朋友。

有一次，接到一位姓李的朋友电话，问我最近有没有时间可以帮他一下，我就问他怎么了，他说："哎呀，最近我的员工老跑掉，你能不能帮我给他们培训培训，增强他们的忠诚度？"

我听了有点哭笑不得，只好婉拒他说："李总，据我了解，员工的忠诚度是无法只靠培训解决的，它更多取决于平时你自己是怎么做的，你在"薪水"与"用心"方面做得越好，那么你员工的忠诚度就越高，就越不容易跑掉。"我甚至还对他说："其实世上本无所谓的忠诚，忠诚只是因为背叛的筹码还不够高。"

员工对公司的忠诚不是靠教育或培训出来的，更不是每天早晨让员工大声唱"感恩的心"就会忠诚的，而是公司及团队管理者的各种管理行为让员工感受出来的。

当一家公司在"心"方面一无是处，而"薪"也无法吸引人时，员工就可能会因为三五百元而跳槽。

对于公司与团队管理者而言，保留员工的唯一办法就是在"薪"与"心"这几个维度做得更好，当员工觉得薪水可以接受，同时"心"也爽时，他要离开时的筹码就变得更高。

当然，让一个人背叛很容易，但让一个人不背叛却不容易！从"薪"到"心"是一漫长的过程，在这个过程中还需要各级管理者辛苦的努力。

### 2. 护城河更宽，护城墙更高

公司及团队管理者如何让护城河更宽，护城墙更高呢？

从保留员工的秘诀出发，运用"薪心相印"模型的六个维度，不断经营。让员工加入公司及团队后发现物超所值，除了能拿到应该得到的薪水外，还让他从公司文化、团队氛围，发展机会、工作本身、生活平衡等方面得到满意，这样你的员工自然就留下来了。

问渠哪得清如许，为有源头活水来！团队管理者只有在"薪"与"心"两个方面不断经营，让你的员工觉得在这里"物超所值"，那么你员工背叛的筹码就需要更高，这样你的团队才会越稳定，此时团队想要的结果才会自然地呈现。

最后留一道思考题给各位管理者，请按照图 6-5，用雷达分析图把你团队在"薪心相印"的六个维度表示出来，看看你团队保留员工的机会点在哪里。

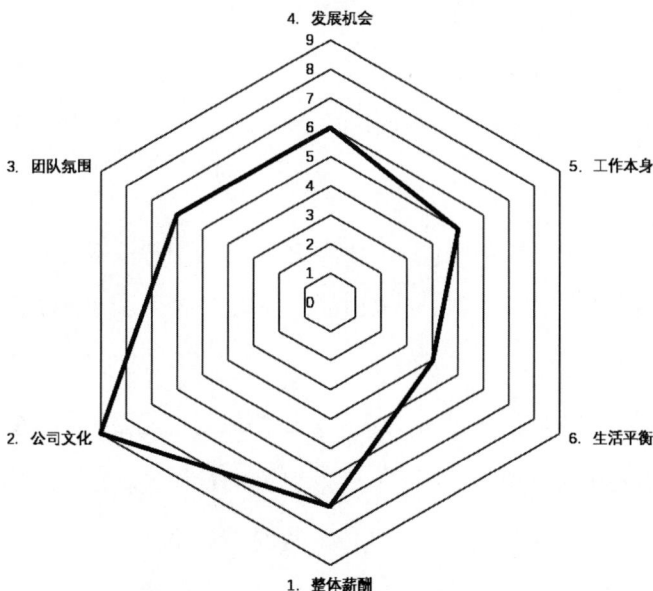

图 6-5　团队"薪心相印"雷达分析图（示例）

### 3. 写给 CEO 的话：雇主品牌——人才争夺战中的秘密武器

为什么有些公司会对员工产生一种莫名的吸引力？为什么有些公司总是能吸引

大批的应聘者？

在许多人眼里，似乎在人才争夺战中，薪酬才是杀手锏。可据怡安翰威特咨询公司①的一项调查表明：薪酬高低并不能完全决定人才的去留。组织氛围和个人感受才是留住人才、用好人才的关键因素。而营造组织氛围和个人感受的过程就是我们所说的企业创建自身"雇主品牌"的过程。

在市场争夺战中，产品品牌能够帮助企业赢得客户。在人才争夺战中，强有力的雇主品牌则能够帮助企业吸引并留住最好的人才。

雇主品牌还是一个比较新的概念，它是公司在人力资源市场上的定位，它包含外部品牌和内部品牌两个部分。外部品牌就是在潜在的雇员中树立品牌，使他们愿意到公司来工作，为公司树立最佳工作地的形象。内部品牌则是在现有的员工中树立品牌。它是公司对雇员作出的某种承诺，它不仅是公司和雇员之间建立的关系，它还体现了公司为现有员工和潜在员工提供的工作经历。

每年《财富杂志》评选出的"百佳雇主"都会采用独特的行动方针，把雇主品牌形象看成是人才市场中的一个品牌并进行大力宣传："我们独一无二，我们非常适合您......"

不同企业树立优秀雇主品牌形象的具体做法也不相同，他们关注的雇主品牌形象会紧密结合公司的使命、愿景、战略来吸引和留住符合企业核心价值观的员工，并从如下几点着手：

（1）从最高层开始，这一点尤为重要，因为最高管理层通常被视为榜样或偶像

在大多数的公司文化中，上司的行为和默许的行为将决定下属的行为方式。因此，让最高管理层代表最佳雇主的行为和态度是至关重要的。

（2）让员工工作的每一天都有意义，快乐工作

那些最佳雇主能够在公司里创造出一种目的感，他们往往通过宣传公司的愿景、使命和核心价值观，从而对员工产生一种广泛的影响力，培养员工工作成就感，并

---

① 怡安翰威特咨询公司：具有六十多年的丰富经验，是全球最早提供人力资源外包与咨询服务的公司。

让工作充满乐趣。

（3）企业文化是一项经营武器

那些能够制定出有别于其他文化的公司，也能够利用自己的独特文化在劳动力市场中将自己区别于他人。

（4）关心你的员工，从每一件小事做起

必须存在一个强烈的关心员工的环境氛围，否则便不可能产生出最佳雇主品牌。这并不意味着公司在管理业绩差劲的员工时需要采取怜悯的态度，这种环境氛围应该使一个即使是业绩差劲的员工也感到他们受到了公平的对待。

（5）帮助你的员工成长

无数次的员工问卷调查结果表明，雇主所提供的学习与发展机会是激励员工的最重要的三个因素之一。

# 后记

十八几年前，我受朋友之邀，在厦门日报的管理教育版面开设的"人力资源博客"专栏写文章，主要是记录自己在企业人力资源管理日常工作中的所思所想。2009 年 7 月 1 日，我在该专栏发表第一篇文章，每两周更新一篇，几年下来，略有小成，积累了约五六十篇文章。

从那时起，一颗种子悄悄在心中种下：我也要出版一本属于自己的专业书籍！

那时我因工作繁忙，加之真真、诚诚两位宝宝的相继出生，没有充分的时间着手去圆心中的梦想。

2020 年一场突如其来的疫情打破了所有人的计划，平日连轴转的工作生活突然趋于平静，让自己有了大量的空余时间，加之挚友王法松老师的牵线，让我有机会与中国铁道出版社有限公司开始接触，于是开启本书的写作与出版历程。

出版这本书犹如十月怀胎，每天的时间排得很满，除了下班后的时间外，周六周日也被我充分利用，独坐书房斟字酌句、收集整理资料，期间还充满期望和焦急等待。在这漫长的过程中，感谢我的父母及妻子小丹，他们给予我很大的鼓励和后勤支持，让我有足够的时间和精力埋头于书房。

感谢挚友王法松老师的不断鞭策，我如同假期结束前担心老师会检查作业的小学生一样，拼命地与时间赛跑。

感谢恩师程文文教授过去的谆谆教诲及写作过程中的大力支持；感谢厦门大学管理学院副院长白云涛教授的认可与推荐，让本书添色增彩不少。

感谢身边的一帮 HR 朋友，他 / 她们的不断鼓励让自己充满了前行的动力。

最后特别要谢谢本书的策划巨凤女士，她的专业、专注及敬业精神令人佩服，并让此书得以顺利付梓印刷，感恩感谢！

心中有梦想，脚底有力量！

谨记！

2021 年 6 月于厦门